Farbbild-Reise durch das
SAARLAND

Einleitungstext: Dr. Peter Scholl-Latour
Bildtexte: Traudl Brenner
Farbfotos: Horst Ziethen u. a.

ZIETHEN-PANORAMA VERLAG

Peter Scholl-Latour

Das Saarland im Wandel auf dem Weg ins neue Jahrtausend
The changing face of the Saarland on its way to the millenium
Le Land Sarre au tournant du nouveau millénaire

Was einen guten Saarländer ausmacht, ist sehr schwer zu definieren, da es eigentlich keinen einheitlichen Saarländer gibt. Die Saar setzt sich ja zusammen, auf der einen Seite aus Moselfranken und auf der anderen Seite aus Rheinfranken. Es gibt sogar eine Dialektgrenze - die sogenannte Dat-wat-Linie, die etwa bei Völklingen verläuft - aber trotzdem ist ein saarländisches Gemeinschaftsgefühl entstanden. Ich glaube, der rechte Saarländer zeichnet sich durch eine gewisse Konzilianz aus, vielleicht hat das die Grenze ja mit sich gebracht. Und er läßt gerne Fünf gerade sein, es gibt da keine unauslöschlichen Feindschaften und Gegensätze, seltsamerweise in diesem Grenzgebiet. In der benachbarten Pfalz hat man eine rauhere Art als etwa im Saarland. Und dann hat man eben Freude am Leben, das drückt sich in vielen Bereichen aus, nicht zuletzt auch bei der Arbeit und im Beruf. Vor allem ißt man auch gerne, man trinkt gerne, ich weiß nicht, ob es unbedingt die französische Nachbarschaft ist, aber es ist eine Freude am Leben vorhanden. Das ist auch formuliert worden durch einen saarländischen Schriftsteller, den ich sehr schätze, Ludwig Harig, der die „Saarländische Freude" geschrieben hat.

Es ist ein Land, das sehr lange im Schatten gelebt hat. Die deutsche Publizistik von heute fängt ja erst mit der deutschen oder europäischen Geschichte bei Bismarck an, oder bestenfalls bei den Befreiungskriegen oder Napoleon, aber wenn wir weiter zurückgehen: Die Karolinger sind aus dieser Gegend gekommen. Nicht weit von Saarbrücken entfernt, bei Lothringen liegt der Ort Pippinshof oder französisch Pépinville, dort war Pippin der Kurze beheimatet gewesen. Und das ist wirklich das Kernland des Abendlandes. Darauf kann man sich etwas einbilden und da darf ich auch wieder auf einen saarländischen Schriftsteller hinweisen, Johannes Kirschweng. Den kennen viele nicht, aber er hat ein Buch geschrieben, sogar im Dritten Reich: „Der Neffe des Marschalls". Das war der Neffe des Marschall Ney, der unter Napoleon gedient hat und in dem Buch gibt es eine Stelle, wo besagter Neffe nachts

What makes a good Saarlander is very hard to define, for there is in fact no such person as a "standard" Saarlander. The Saarland consists of two parts, with Moselle Franks on one side and Rhenish Franks on the other.

There is even a dialect border, that more or less runs through the Völklingen area, where words such as "das" and "was" harden to "dat" and "wat" - which is why it is called the "dat-wat" line. But nevertheless, some sort of community spirit has emerged among the Saarlanders. I am convinced that the true Saarlander is characterized by a certain open-mindedness. Perhaps this is a result of the border. And the Saarlander has no rigid views, for there are no irreconcilable enmities and opposites here. That is unusual in these border regions, for people in the neighbouring Rhineland-Palatinate are by nature far less conciliatory. In addition, the Saarlanders enjoy life, and that is expressed in all sorts of ways, not least when they are at work. Above all, they enjoy their food and drink - I don`t know if that is due to the proximity of France, but that joie de vivre is certainly present, and it has been formulated by a local writer whose works I rate highly, Ludwig Harig, who wrote "Saarländische Freude" [Saarland Joy].

This is a land that has long lived in the shadow of others. When it comes to German or European history, present-day German journalism makes Bismarck its starting-point, or at best Napoleon or the Wars of Liberation. But if we go further back, the Saarland was in fact once the centre of the Western world, for the Carolingians came from this area, not far from Saarbrücken. The home of Pippin the Short was Pippinshof (the French Pépinville) in Lorraine.

And that really is the heartland of the West. One can pride oneself on that, and here I would again like to mention a Saarland writer, Johannes Kirschweng. Many people have never heard of him, but he wrote a book, and in the Third Reich at that, called "The Marshall`s Nephew." The title refers to the nephew of Marshall Ney, who ser-

Il est très difficile de définir un vrai Sarrois car il n'existe pas une souche unique de Sarrois. En effet, la population de la Sarre se compose d'un mélange de Francs de la Moselle et de Francs du Rhin.

Il existe même une frontière linguistique qui passe environ à Völklingen et sépare deux aires dialectales. Néanmoins, un sentiment communautaire est né en Sarre. Je crois que le véritable Sarrois est doté d'un caractère conciliant, peut-être parce qu'il est frontalier. Il ne cherche pas midi à quatorze heures et on ne rencontre ni animosités ni contraires indéfectibles dans cette région frontalière tandis que les habitants du Palatinat voisin révèlent une façon d'être plus rude. Par ailleurs, en Sarre, on jouit de la vie, ce qui s'exprime dans bien des domaines y compris celui du travail. On aime notamment bien manger et bien boire; j'ignore si cela est dû au voisinage de la France, mais cette joie de vivre est bien présente et elle a été décrite dans «La Joie sarroise», une œuvre de Ludwig Harig, un écrivain du pays que j'apprécie beaucoup. La région a longtemps vécu dans l'ombre. Le journalisme moderne allemand ne raconte l'histoire allemande ou européenne qu'à partir de Bismark ou, dans le meilleur des cas, à partir des guerres avec Napoléon. Mais si nous retournons davantage en arrière, nous découvrons que la Sarre fut le berceau de l'Occident. Les Carolingiens sont originaires de cette contrée et c'est à proximité de Sarrebruck, en Lorraine, que se trouve la localité «Pippinhof» ou Pépinville où vécut Pépin le Bref.

La Sarre est vraiment le noyau de l'Occident. Et je citerai Johannes Kirschweng, un autre écrivain sarrois que beaucoup ne connaissent pas, mais qui a écrit un livre paru même durant le troisième Reich, intitulé «Le neveu du maréchal». Il est question du neveu du maréchal Ney qui servit sous Napoléon et dans un passage de l'ouvrage, ce neveu entend les chevaux des Lotharingiens galoper dans la nuit. L'ancien royaume du milieu, entre le royaume français à l'Ouest et le

Farbbild-Reise durch das SAARLAND
Pictorial tour of the SAAR
Voyage en SARRE

© Copyright by:
ZIETHEN-PANORAMA VERLAG
D-53902 Bad Münstereifel · Flurweg 15
Telefon: (0 22 53) 60 47

1. Auflage 1998

Gesamtherstellung:
ZIETHEN-Farbdruckmedien GmbH
D-50999 Köln · Unter Buschweg 17
Fax: (0 22 36) 6 29 39

Printed in Germany

Redaktion und Gestaltung: Horst Ziethen
Einleitungstext: Peter Scholl-Latour
Bildseitentexte: Traudl Brenner
Englische Übersetzung: Gwendolen Freundel
Französische Übersetzung: France Varry

ISBN 3-929932-69-5

BILDNACHWEIS
TABLE OF ILLUSTRATIONS
TABLE DES ILLUSTRATIONS

Fotografen / Seiten:

Horst Ziethen: Titel, 7, 8 o., 9, 13, 14, 15, 20, 21u.,22, 28, 29, 31, 32, 33, 35, 36, 37 (2), 38, 43, 44 (2), 45, 46, 47, 49, 50,.51 (4), 52, 53, 54/55, 56

Sylvester Dunsbach:
10/11,12,17,18,19, 23, 24 u.Rücktitel,25, 26, 27, 30,.41, 69

Jörg Axel Fischer: ....8 u. (3x), 61, 63, 67, 70, 71
A. Fontaine 39, 68, 72 (4x)
Barbara C. Titz 40, 62, 65, 66
H.P. Merten...........................16, 21 o., 60, 64
Xeniel-Dia..........................42, 48
Hildegard Ziethen.....................8 u.l., 57
Werner Otto...........................58
Fotoagentur H. Lade/Otto.....59

Haustüren-Collage / Seite 34:
Heimat-u. Verkehrsverein Ottweiler
Fotos: K.H. Decker u. Volker Müller

Karten-Nachweis / Vor-u. Nachsatzseiten:
Illustrierte Gebietskarte
© Pitruska Verlag & Geo Datenbanken GmbH

die Pferde Lotharingiens galoppieren hört. Das alte Zwischenreich, zwischen dem französischen Westreich, wie wir sagen würden und dem germanischen Ostreich, dieses Lotharingen hat im Grunde im Saarland und in dessen nördlichen und südlichen Verlängerungen eine gewisse Tradition, eine gewisse Nostalgie nach einem geeigneten Abendland bewahrt.

Das Saarland liegt geographisch genau im Herzen Europas. Es war natürlich benachteiligt durch die Grenzsituation, solange die Grenzen geschlossen waren. Das war sowohl für die lothringische Seite nachteilig als auch für die saarländische, seltsamerweise haben beide Völker immer, wenn sie die Kontrolle über die jeweiligen Nachbargebiete ausübten, versucht sie zusammenzuschweißen. Im Dritten Reich gab es einen Gau West-Mark, der aus dem Saarland und Lothringen bestand und nach dem Krieg haben die Franzosen eben das Saarland wirtschaftlich an Frankreich anschließen wollen. Es machte im Grunde Sinn. Heute haben wir gottseidank diese Probleme nicht mehr. Jetzt gilt es einfach, aus dieser sehr kontinentalen Lage herauszufinden, den Trumpf dieser zentralen Situation in einem gemeinsamen Wirtschafts- und demnächst Währungsraum auch wirklich zu nutzen. Heute ist es ein Vorteil: Die Wege zu den wichtigen europäischen Zentren sind kurz.

Ein Saarländer braucht kein Europäer zu werden, denn man wird schon als Europäer geboren. Das ist keine Blut- und Bodenmystik, sondern man kommt dort aus einer gewissen Tradition heraus, und die Konturen Europas sind ja nicht scharf umrissen. Wenn es einen Platz gibt, wo die Leute sich europäisch gefühlt haben, trotz verschiedener Wahlkämpfe und Volksabstimmungen, dann möchte ich wirklich das Saarland nennen, dieses Land, das auch mal in einer Konfliktsituation zu Frankreich gelebt hat. Dieses Gefühl ist völlig überwunden. Wenn es ein frankophiles Land gibt in der Bundesrepublik, dann ist es heute das Saarland.

ved under Napoleon, and in the book there is a point when the said nephew hears the horses of Lorraine galloping past at night. Lorraine was once a no-man's land, between the western empire of the French and the eastern Germanic empire. That tradition, basically, has been preserved in the Saarland and in the lands immediately to the north and south, a kind of nostalgia for a united Western world.

Geographically speaking, the Saarland lies right at the heart of Europe. It was naturally disadvantaged through its border situation, as long as the borders were closed, for these were a hindrance both for Lorraine and the Saarland. Strangely enough, whichever side held sway over the other nevertheless tried to weld the two parts together. In the Third Reich there was a Gau West-Mark, which consisted of the Saarland and Lorraine, and after the war the French attempted to exert their influence on the industries of the Saarland - it certainly made sense. Today, thank goodness, we don't have such problems any more. The task at hand is to find the trump card in this very continental position and from this central location make best use of a common economy and, in the future, a common currency. Today it is of benefit; for it is only a short distance from the Saarland to Europe"s most important centres.

Saarlanders don't need to become Europeans, because they are born European. This should not be ascribed to any "blood-and-soil" mysticism. It is just a prevailing tradition here, and the contours of Europe are not distinctly drawn. If there was ever a place where people feel European, in spite of elections and referenda, then I would like to nominate the Saarland, this land that has also survived a conflict situation with France. Such emotions have quite disappeared. There is no land in Germany more francophile than the Saarland.

royaume germanique à l'Est, est la Lotharingie qui illustre encore une tradition: la région de la Sarre avec ses prolongations au Nord et au Sud a conservé une certaine nostalgie d'un Occident à sa mesure.

Au point de vue géographie, la Sarre est située exactement au cœur de l'Europe. La région a toujours été désavantagée à cause de sa situation frontalière, du moins tant que les frontières étaient fermées. Le côté sarrois en a subi autant les conséquences que le côté lorrain; néanmoins, les deux peuples ont toujours essayé de se réunir quand l'un ou l'autre exerçait le contrôle sur son voisin. Durant le troisième Reich, la Sarre et la Lorraine constituaient la Marche occidentale de l'Empire nazi. Après la guerre, les Français voulurent rattacher la Sarre économiquement à la France, ce qui était sensé en principe. Ce problème n'existe heureusement plus aujourd'hui; il s'agit désormais d'utiliser l'atout qu'est la situation centrale de la région pour construire un espace économique et monétaire commun. C'est aujourd'hui un avantage: les trajets entre les centres européens importants ont raccourci.

Un Sarrois n'a nullement besoin de devenir Européen puisqu'il l'est de naissance. Cela ne participe pas d'une mystique du terroir ou du sang, mais d'une certaine tradition. Par ailleurs, les contours de l'Europe ne sont pas rigoureusement dessinés. S'il existe un endroit où les gens se sentent européens en dépit des luttes électorales et des référendums qu'ils ont connus, je citerai la Sarre en premier lieu. Cette région a également vécu une situation conflictuelle avec la France, mais tout cela n'est plus que du passé. Pour peu qu'il y ait un Land francophile en Allemagne, celui-ci est aujourd'hui le Land de la Sarre. Les Sarrois n'ont hélas pas la chance d'être bilingues ou trilingues à l'instar des Luxembourgeois. Jeune rédacteur au journal «Saarbrücker Zeitung», j'ai écrit que le Luxembourg illustrait un exemple prometteur pour la Sarre. Cela a provoqué un éclat à l'époque, mais aujourd'hui, on pourrait proclamer

Wir haben nun leider im Saarland nicht das Glück, das die Luxemburger haben, die auch noch meistens zwei- oder dreisprachig sind. Ich habe als junger Redakteur bei der Saarbrücker Zeitung mal geschrieben, daß Luxemburg eine Art Verheißung für das Saarland sein könnte. Damals hat das noch einen großen Aufschrei gegeben, aber heute kann man das ohne Scham und mit großer Entschlossenheit sagen.

Früher hatte man die Chance des Saarlandes in seiner industriellen Ballung gesehen. Kohle und Stahl, das war gleichbedeutend mit Saarland. Die Völklinger Hütte, wo mein Vater noch als Werkstudent in seinen Semesterferien gearbeitet hat, genauso wie mein Großvater noch als ganz junger Mann in die Grube eingefahren ist, bei Friedrichsthal: Sie spielt heute keine Rolle mehr. Da sieht man wie schnell die Dinge sich wandeln. 1945 wollte Frankreich das Saarland wirtschaftlich noch haben, wegen Kohle und Stahl, heute ist natürlich Frankreich überglücklich, nicht mehr das Problem der Stahlindustrie und der Kohle des Saarlandes zu tragen. Frankreich krankt schon genug an seinen Werken im Norden und auch in Lothringen. Da ist vieles nachzuholen, die Umstellung, die die Luxemburger aufgrund ihrer Eigenstaatlichkeit vor allem auch aufgrund ihres Bankwesens vollzogen haben, also weg von der Schwerindustrie zur Dienstleistung, das ist im Saarland noch nicht vollzogen. Das muß eben jetzt konsequent anvisiert werden, und da liegt die Chance.

Frankreich und Deutschland bilden den harten Kern Europas. Das sollte die anderen europäischen Partner nicht ängstigen. Denn, wie gesagt, es geht alles auf Karl den Großen zurück, so seltsam es klingt. Als Napoleon in Aachen eingerückt ist und vor dem Sarkophag Karls des Großen stand, hat er an den Pabst gemeldet: „Ich bin Karl der Große", und insofern ist dies, wie ich schon sagte, karolingisches Kernland. Deutschland und Frankreich sind nunmal die beiden Flügel dieses karolingischen Reiches, aus dem sich alles entwickelt hat. Der andere Teil,

Unfortunately, we Saarlanders are not as lucky as the people of Luxembourg, who are mostly bilingual or even trilingual. As a young editor on the Saarbrücken newspaper, I once wrote that Luxembourg could be a kind of promised land for the Saarland. At the time the remark caused a good deal of protest, but today I can repeat it without shame and with great conviction. At one time the future of the Saarland seemed to be in its concentration of industries, and the word Saarland was synonymous with coal and steel. The Völklinger steelworks, where my father worked in the holidays when he was a student, and the coal pits near Friedrichsthal where my grandfather started work as a very young man, these have no role to play any more. So we can see how fast things change. In 1945 the French were keen to possess the industries of the Saarland, because of their coal and steel. Today they are overjoyed that they don`t have to bear the burdens of the Saarland`s coal and steel industries. France has sufficient struggle with its own similar problems in the north and in Lorraine. There is a lot to catch up with, and the transformation from heavy industries to service industries that has already taken place in Luxembourg, thanks mainly to its sovereignty and its banks, has yet to be accomplished in the Saarland. That is what the Saarland must now consistently set its sights on, for that is where the opportunity lies.

France and Germany make up the hard core of Europe. That should not concern the other European partners, for, as I have said, strange as it may sound, it all goes back to Charlemagne. When Napoleon arrived in Aachen and stood before the sarcophagus of Charlemagne, he sent a message to the Pope saying "I am Charlemagne". And so, this is, as I have already said, Carolingian heartland. Germany and France are simply the two parts of this Carolingian empire from which everything developed. The other part, which has not grown up in this cultural domain, is the Byzantine part of Europe, and we are likely to have more difficulties with them. Even if we regard Germany and France in their

bien haut cette affirmation. Autrefois, on considérait que la chance de la Sarre reposait sur ses industries; le charbon et l'acier définissaient la Sarre. L'usine sidérurgique de Völklingen où mon père travaillait durant ses vacances universitaires et la mine près de Friedrichsthal où mon grand-père descendait lorsqu'il était jeune homme ne jouent plus aucun rôle aujourd'hui. Cela montre combien les choses changent rapidement. En 1945, la France voulait l'économie de la Sarre à cause du charbon et de l'acier; à l'heure actuelle, les Français se réjouissent de ne pas avoir les problèmes de l'industrie de l'acier et du charbon de la Sarre sur le dos. La France a bien assez à faire avec la situation précaire de ses mines du Nord et de la Lorraine. Il reste beaucoup à rattraper. La Sarre doit encore trouver la voie du changement que le Luxembourg a emprunté grâce certes de sa souveraineté, mais notamment en raison de son système bancaire. Il faut abandonner définitivement l'industrie lourde pour le secteur des prestations de service. C'est la cible qu'il s'agit désormais de viser car elle figure l'avenir.

La France et l'Allemagne constituent le noyau de l'Europe. Mais cela ne devrait pas effrayer les autres partenaires européens puisque les fondements remontent à Charlemagne, aussi étrange que cela puisse paraître. Lorsque Napoléon entra dans Aix-la-Chapelle et se retrouva devant le sarcophage de Charlemagne, il annonça au pape: « Je suis Charlemange ». La France et l'Allemagne sont bien les deux ailes de cet empire carolingien duquel tout s'est développé. L'autre partie qui n'appartient pas à la culture de cet empire est la partie byzantine de l'Europe et c'est elle qui nous procurera sans doute des difficultés bien plus grandes. Lorsque nous observons la France et l'Allemagne dans leurs formes actuelles, le rayonnement de la France jusqu'à la Méditerranée ne s'est en fait effectué que sous les rois de la dynastie capétienne tandis que l'élargissement de l'Allemagne, aujourd'hui jusqu'à l'Oder, fut le fait des conquêtes et mouvements missionnaires opérés par les ordres de chevaliers allemands. Ces deux pays constituent le noyau

der nicht in diesen Kulturkreis hineingewachsen ist, ist der byzantinische Teil Europas, und mit dem werden wir wahrscheinlich größere Schwierigkeiten haben. Selbst wenn wir Deutschland und Frankreich in ihrer jetzigen Form betrachten, im Grunde ist die Ausstrahlung Frankreichs bis ans Mittelmeer erst unter den französischen Königen, den Karpetingern, erfolgt, und die Ausdehnung Deutschlands heute bis zur Oder ist ja auch die Konsequenz einer Missionierungs- und Eroberungsbewegung durch die deutschen Ritterorden. Es ist wirklich das Kernland, und ich glaube auch nicht, daß die anderen darüber empört sein sollten. Die Italiener gehören zu diesem Gebilde im Grunde dazu und die Beneluxländer ohnehin. Bei den Skandinaviern ist wahrscheinlich eine solche Hinwendung nicht in gleichem Maße vorhanden, während z.B. in Spanien, auf der iberischen Halbinsel, alles zusammenwächst. Da gibt es neben der karolingischen Tradition noch die habsburgische Gemeinschaft. Es ist schon ein recht geschlossener Raum.

Das Saarland war lange Zankapfel zwischen den beiden Ländern Frankreich und Deutschland. Welche Rolle kann das Land an der Saar heute im Rahmen der deutsch-französischen Freundschaft spielen, nachdem das nun ausgeräumt ist? Das Saarland ist ja immer zerrissen gewesen, es ist im Grunde ein Wunder, daß es zu einer Einheit und zwar zu einer organischen und von der Bevölkerung tief empfundenen Einheit zusammengewachsen ist. Da war der Großherzog von Nassau Saarbrücken, da war der Bischof von Trier, da war der Kurfürst der Pfalz, da war Frankreich mit seinen Garnisonen in Saarlouis usw. Das Saarland ist ein ganz künstliches Gebilde, das erst durch den Völkerbund geschaffen wurde und dann nach dem Zweiten Weltkrieg in etwas veränderter Form noch mal zustande gekommen ist. Auch konfessionell ist es geteilt: es gibt zwei Drittel Katholiken und ein Drittel Protestanten, trotzdem fühlen sich die Saarländer zutiefst saarländisch. Sie würden sich gewaltig zur Wehr setzen, wenn irgend jemand das Saarland an ein anderes Bundesland anschließen wollte.

present form, we can basically say that the influence of France first spread to the Mediterranean under the French kings, the Capets, and the extension of the present-day German border to the Oder is also the result of the missionary work and military conquests of the order of the Teutonic Knights. It really is the heartland and I do not believe that the others should take offence at this. In essence, the Italians are also part of this pattern and of course the Benelux countries. The Scandinavians probably do not share such inclinations in the same measure, while in Spain, for instance, on the Iberian peninsula, everything grows together. There is, beside the Carolingian tradition, the Habsburg dynasty. It is a region complete in itself.

The Saarland was for a long time a bone of contention between the two countries of Germany and France. What role can the land on the Saar play today within the framework of Franco-German friendship, now the old quarrels have been set aside? The Saarland has always been split, and it is basically a miracle that it has managed to integrate and has achieved an organic unity, a sense of unanimity that is deeply felt by the population, divided as they always have been. There was the Grand-Duke of Nassau-Saarbrücken, the Bishop of Trier, the Elector of the Palatinate, there were the French with their garrisons in Saarlouis, and so on. The Saarland is an artificial creation that was first established by the League of Nations and then, after the Second World War, was re-established in a somewhat different form. It is also divided in its religion. There are two thirds Roman Catholics to one-third Protestants - and still the population are imbued with the sense that they are Saarlanders. They would protest violently if someone tried to integrate the Saarland into another state of Germany, and no-one but a Saarlander can understand this. Within the framework of Europe, there is something comforting, in that the Europe of the future will not be the Europe of national states but a Europe of regions. That has already been achieved, I believe, in the Saar-Lor-

réel de l'Europe et les autres nations ne devraient pas en prendre ombrage. L'Italie y a au fond sa place et le Benelux en fait de toute façon partie. Les pays scandinaves en sont certes plus éloignés, mais l'Espagne par exemple, la péninsule Ibérique, réunit les lignées carolingienne et habsbourgeoise.

La Sarre a longtemps été l'enjeu des deux rivaux voisins, la France et l'Allemagne. Quel rôle peut jouer la région de la Sarre dans l'amitié franco-allemande depuis que les dissensions n'existent plus? La Sarre a toujours été déchirée et c'est un miracle qu'elle se soit soudée en une unité organique et spirituelle profondément ressentie par sa population. Elle a appartenu, entre autres, au grand-duc de Nassau-Sarrebruck, à l'évêque de Trèves, au prince-électeur du Palatinat et à la France avec ses garnisons à Sarrelouis. La Sarre est un produit artificiel dont la véritable création s'effectua sous l'égide du conseil de la Société des Nations et qui naquit de nouveau, quelque peu modifiée, après la deuxième guerre mondiale. La région est également divisée en ce qui concerne la religion: la population est composée de trois tiers de catholiques et d'un tiers de protestants. Cependant, tous se sentent profondément sarrois. Ils se défendraient avec violence si quelqu'un avait l'idée de rattacher leur région à un autre Land allemand.

Eu égard à l'Europe, il est rassurant de songer que l'Europe de l'avenir sera davantage une Europe des régions que des nations. Nous en avons donné l'exemple plus tôt qu'aucun autre pays avec l'ensemble Sarre-Lorraine-Luxembourg. Personnellement, je déplore beaucoup que le bilinguisme lorrain ait beaucoup reculé - par exemple, mon père est allé au lycée de Diedenhofen qui est Thionville en français.

Un trait spécifique des Sarrois est qu'ils sont très attachés à leur terroir. On peut affirmer qu'ils n'aiment pas aller s'installer ailleurs, mais en revanche, ils ont souvent travaillé sous la direction de cadres venus de l'extérieur. Il fut un

Ein geschichtsträchtiges Dreiländereck mitten im Herzen Europas: Auf einer Moselseite das Saarland, auf der anderen Luxemburg, und gleich nebenan Lothringen. Aber die Spuren der vielen hier geführten Kriege sind - bis auf ein paar Westwallbunker und Panzersperren - getilgt, die Zollschranken gefallen. Hier, am nur wenige Kilometer langen saarländischen Moselufer zwischen Perl und Nennig, wächst jetzt viel Wein. Und mitten drin in den Rebstöcken stehen Burgen und Schlösser - wie Schloß Berg. Hier wollen wir unsere Rundreise durch das Saarland beginnen.

Three countries meet here, in an area of historical significance at the very heart of Europe. The Saarland lies on one side of the Moselle, Luxembourg and Lorraine lie on the other. Apart from a few relics like bunkers and tank traps, the traces of old wars fought out here have, like the customs posts, been obliterated. Now the few kilometres of the Moselle that run through the Saarland from Perl to Nennig are bordered by vineyards, amongst which stand castles and palaces like Schloss Berg, pictured here, the starting-point of our excursion.

Trois régions à l'histoire mouvementée au cœur de l'Europe: la Sarre et le Luxembourg de chaque côté de la Moselle et la Lorraine voisine. On ne voit presque plus rien des traces des nombreuses guerres qui se sont déroulées dans ces régions et les frontières ont disparu. La vigne pousse aujourd'hui entre Perl et Nennig, sur les rives de la partie sarroise de la Moselle. Des châteaux tels que celui de Berg se dressent au milieu des vignobles. C'est ici que nous commençons notre circuit à travers la Sarre.

Fortsetzung der Einleitung

End of the introduction

Suite de l'introduction

Im Rahmen Europas hat es etwas Tröstliches, daß im Grunde das Europa der Zukunft gar nicht das Europa der Nationalstaaten sein wird, sondern es wird mehr ein Europa der Regionen sein. Das haben wir, so glaube ich, mit Saar-Lor-Lux weitgehend erreicht, früher als in jedem anderen Land. Wobei ich persönlich sehr bedauern muß, daß die Zweisprachigkeit, die in Lothringen vorhanden war, sehr stark zurückgegeangen ist. Mein Vater ist z.B. in Diedenhofen, wie man damals sagte, also in Thionville aufs Gymnasium gegangen. Die Saarländer sind ungeheuer heimatverbunden. Das ist ein ganz besonderer Zug. Und sagen wir es ruhig, Sie siedeln nicht gerne aus. Sie haben oft auch Führungspersonal von außen bekommen. Es war auch so, daß muß man auch bedenken, daß der Freiherr von Stumm, der große Schlotbaron von Neunkirchen, fast wie ein Feudalherr in Saarbrücken gesessen hat, bis dann aus der katholischen Gewerkschaftsbewegung gegen ihn ein fast unbekannter früherer Bergmann namens Koßmann in den Reichstag gewählt wurde.

Das sind alles Entwicklungen, die es andernorts nicht gab. Das Saarland muß sich noch mehr profilieren. Zu unserer Zeit hat es ja noch ein paar Köpfe gehabt, die aus dem Mittelmaß herausragten. Wie immer man es beurteilt, eine Figur wie Johannes Hoffmann kann man da nicht vergessen.

Lux region, sooner than in any other country. And personally I regret the fact that the bilingualism that was once common in Lorraine has considerably decreased.

The Saarlanders are incredibly attached to their homeland. That's a special characteristic, and let us state it quite clearly, they do not like moving away. They have often taken their executives from outside, and there was a time when some establishments seemed to contain more Westphalians than local people. It was also the case, one must remember, that Baron von Stumm, the great "smoke-stack baron" of Neunkirchen, resided in Saarbrücken like a feudal lord, till the candidate of the Catholic Workers` movement, the virtually unknown miner Kossmann, was elected to the Reichstag instead of him.

These are all developments that were not present in other places. Nevertheless, the Saarland`s image has yet to be fully defined. There have always been a few great minds that stood out from the crowd. However one judges it, a figure like Johannes Hoffmann cannot be forgotten.

temps où des usines avaient des noms étrangers telle l'exploitation minière de la Sarre qu'on appelait les établissements westphaliens.

Il faut aussi rappeler que le baron von Stumm, un grand magnat de l'industrie originaire de Neunkirchen, régna pratiquement comme un seigneur féodal à Sarrebruck jusqu'à ce qu'un certain Kossmann, ancien mineur issu du mouvement syndicaliste catholique, lui enlevât son siège de député au Parlement.

Aucune autre région n'a connu de développements semblables. De ce fait, la Sarre doit encore renforcer son profil. Elle a engendré quelques grands personnages durant ces dernières générations. Quel que soit notre jugement, on ne peut oublier une figure comme le politicien Johannes Hoffmam qui a initié le rattachement de la Sarre à l'Allemagne.

▼ Weinstöcke mit Trauben
▼ Traubenlese
▼ Weinprobe des Kellermeisters
▼ Kür der Weinkönigin

Die Mosel hat ihre Grenzfunktion verloren. Die Burgen an ihren Ufern - wie Schloß Thorn - sind nicht mehr wehrhaft. Schon die Römer haben hier Wein angebaut, als Trier Kapitale des weströmischen Reiches war und jeder, der sich's damals leisten konnte, seine Villa an der Mosel errichtete. Der wunderschöne römische Mosaikfußboden von Nennig und viele andere Funde erzählen aus dieser Zeit. Und die nicht weit entfernte „Saarschleife" wird die Römer schon ebenso entzückt haben wie heutige Naturfreunde.

The River Moselle no longer functions as a border, and the castles like Schloss Thorn (see p.8) that line its banks no longer fulfil a defensive role. There were vineyards here in Roman times, when Trier was the capital of the western Roman Empire and anyone who could afford it built a villa on the banks of the Moselle. Many archeological finds, like the superb Roman mosaic floor of Nennig, bear witness to a bygone Roman age, and maybe the impressive meander of the 'Saarschleife' not far away found as many admirers then as now.

La Moselle ne sert plus de frontière et les châteaux sur ses rives -comme le château de Thorne sont plus fortifiés. Les Romains cultivaient déjà la vigne lorsque Trèves était la capitale de l'Empire romain occidental. Les dignitaires romains se faisaient construire des villas sur les bords de la Moselle. Les admirables solsen mosaïque et autres vestiges romains à Nennig témoignent de cette époque. A proximité, s'étend le splendide paysage de la grande boucle de la Sarre.

BLICK VOM KEWELSBERG

Der Kewelsberg liegt in der Nähe der Saarschleife – das Bild zeigt Tünsdorf. Es ist weites, hügeliges Bauernland. Die Menschen auf ihren kleinen, bescheidenen Höfen waren arm und viele arbeiteten in den weitentfernten Gruben und Hütten.

VIEW OF KEWELSBERG

Kewelsberg is near the Saar meander - the photo shows the village of Tünsdorf. This is a wide, hilly, agricultural region. The people who inhabited the small, humble farms were not wealthy, and for this reason they seeking to earn a living in far-distant mines and steelworks.

VUE DEPUIS LE KEWELSBERG

La contrée entre la Sarre inférieure et la Moselle fait partie du parc naturel de Sarre-Hunsrück. Cette région rurale vallonnée de la Sarre n'a jamais connu d'exploitation minière. Les fermes étaient petites et les paysans pauvres. Un grand nombre d'entre eux émigrèrent pour travailler dans les mines .

BURG MONTCLAIR bei Mettlach

Mitten auf dem Bergrücken, um den herum sich die Saar ihre „Schleife" gegraben hat, liegt die Burgruine Montclair. Ganz konsequent wird hier „sanfter Tourismus" praktiziert: Man erreicht sie nur per pedes.

CASTLE MONTCLAIR near Mettlach

In the midst of the plateau around which the Saar carved the meander of the 'Saarschleife' stand the ruins of Montclair Castle. Here 'eco-tourism' prevails, for the castle is only accessible for walkers.

CHATEAU DE MONTCLAIR / Mettlach

Les ruines du château de Montclair se dressent sur un rocher escarpé qu'entoure la grande boucle de la Sarre. Le château n'est accessible qu'à pied à travers une forêt.

Mettlach, wo heute die Ausflugsboote zur Saarschleife starten, ist im 9. Jahrhundert von dem Franken Lutwinus als Benediktinerkloster gegründet worden. Im 17. Jahrhundert haben die Mönche eine neue Abtei im Barockstil errichten lassen. Doch die Säkularisation hat die Bauherren bald vertrieben. Später übenahmen die lothringisch-luxemburgischen Geschirr-Hersteller Boch den Prachtbau als Produktionsstätte. Und noch heute ist hier der zentrale Sitz von Villeroy & Boch, dem größten Keramikhersteller der Welt.

Mettlach, the place where tourist boats now start on their trips to the great Saar meander, dates back to the 9 th century, when the Frank Lutwinus founded a Benedictine monastery here. In the 17th century, the monks founded a new abbey designed in the Baroque style, but the secularisation of the monasteries was soon to drive them out. Later the fine abbey buildings were converted to a factory for the Luxembourg-Lorraine porcelain manufacturer Boch. They are now the headquarters of Villeroy and Boch, the largest ceramic manufacturer in the world.

Mettlach qui est le départ d'excursions sur la grande boucle de la Sarre se développa autour d'une abbaye de Bénédictins, fondée au 9e siècle par St. Ludwin, évêque de Trèves et de Reims. Les moines firent construire une nouvelle abbaye de style baroque au 17e siècle, mais en furent expulsés par la sécularisation. L'édifice magnifique, repris en 1810 par Boch, manufacturier lorrain de faïences, est encore aujourd'hui le siège de Villeroy & Boch, premier fabricant de céramiques du monde.

METTLACH, „Alter Turm"

Von der frühen Klostergründung in Mettlach ist nur der achteckige „Alte Turm" im Park hinter der ehemaligen Benediktiner-Abtei erhalten. Er war Grablege des Klostergründers - und diente lange Zeit als Firmenlogo des Weltunternehmens Villeroy & Boch, das die Mosaikböden des Kölner Doms und des Bolschoi-Theaters in Moskau, die Fliesen für die „Titanic", den gesamten Fassadenschmuck von Schloß Herrenchiemsee und, zum Beispiel, auch die Waschgarnitur Ludwigs II. geliefert hat - und 1998 sein 250jähriges Firmenjubiläum begeht.

METTLACH, Old Tower

Of the original monastery of Mettlach, only the octagonal 'Old Tower' remains, in the park behind the present abbey. It was the burial-place of the monastery's founder and for many years served as the logo of the world-famous Villeroy and Boch company. Villeroy and Boch manufactured of the mosaic floors of Cologne Cathedral and Moscow's Bolshoi Theatre, and also produced the tiles for the Titanic, the complete facade of Herrenchiemsee Palace in Bavaria and King Ludwig of Bavaria's washstand equipment. 1998 marks the year of the firm's 250th birthday.

METTLACH, Tour de e´abbaye

De l'abbaye primitive, il ne reste qu'une vieille tour octogonale qui se dresse dans l'ancien parc du monastère. Elle fut le tombeau du fondateur de l'abbaye et servit pendant longtemps de logo à Villeroy & Boch. La manufacture de réputation mondiale qui a produit les sols en mosaïques de la cathédrale de Cologne et du théâtre Bolchoï à Moscou, les carrelages du «Titanic» ainsi que les décoration de la façade du château de Herrenchiemsee fêtera ses 250 ans en 1998.

Die Natur hat das Saarland zwar mit Flüssen beschenkt, aber für Seen hat es selbst sorgen müssen - wie in Losheim zum Beispiel, am Anfang des Hunsrückvorlandes gelegen. Vor 30 Jahren konnte sich der Ort noch nicht träumen lassen, daß er einmal „Losheim am See" heißen würde. Aber dann wurde ein Bach gestaut, ein Tal überflutet - und jetzt lädt der „Losheimer See" zum Baden, Kahnfahren, Angeln und zum Erholen. Er ist eines der liebsten Ausflugsziele der Saarländer geworden.

Nature has endowed the Saarland with plenty of rivers, but the state has had to provide the lakes itself, as here in Losheim, for instance, close to the foothills of the Hunsrück plateau. Thirty years ago the town would never have dreamed that it would be able to call itself 'Losheim on the lake', but one day a stream was dammed, a valley flooded - and Lake Losheim began to attract bathers, canoeists, anglers and holiday-makers. These days it is one of the Saarlanders' favourite spots for excursions.

La Sarre a qui la nature a donné beaucoup de cours d'eau a cependant dû se pourvoir elle-même en lacs tels que celui de Losheim situé sur les contreforts de Hunsrück. Il y a 30 ans, la localité n'aurait jamais imaginé qu'elle s'appel-lerait un jour « Losheim sur le lac ». Mais l'eau d'une rivière était retenue, une vallée inondée et le résultat est le lac de Losheim qui invite aujourd'hui à la baignade, au canotage et à la pêche. Il est devenu un des buts d'excursion préférés des Sarrois.

Es ist nicht lange her, da konnte man noch mit der Eisenbahn die Orte im nördlichen Saarland, im Hochwald, erreichen. Unter gewaltiger Dampfentwicklung transportierten die Züge Schüler und arbeitsames Volk. Schließlich ist der Betrieb, weil unrentabel, eingestellt worden. Aber nun haben sich Eisenbahn-Freaks zusammengeschlossen und im alten Lokschuppen in Losheim Loks und Waggons restauriert. Und jetzt dampft die „Museumseisenbahn" an ganz besonderen Tagen wieder durch's Land.

It is not long ago that it was possible to take a train to reach the high-lying towns in the forests of northern Saarland. But it required an enormous amount of steam to transport schoolchildren and workers along this stretch of railway, and finally the line was closed down because it was no longer economically viable. Nevertheless, in recent years, railway enthusiasts have banded together and have set to work in the locomotive sheds of Losheim to restore the engines and waggons. Now, on special occasions, the museum train once more puffs its way along the old line.

Il n'y a guère longtemps, on pouvait encore gagner en chemin de fer les communes du Hochwald, dans la partie nord de la Sarre. Tirés par des locomotives à vapeur, les trains transportaient les écoliers et les travailleurs. Mais les lignes furent supprimées parce qu'elles n'étaient pas rentables. Depuis, un groupe de passionnés a restauré les locomotives et les wagons qui dormaient dans la gare de Losheim. Aujourd'hui, le train à vapeur emmène des voyageurs pendant certains jours de fêtes.

MITLOSHEIM

Rund um Losheim ist altes Bauernland. Sagen und Legenden ranken sich
um diese Gegend. Von wilden Rittern
und von Napoleons Rußland-Heim-
kehrern wird da viel erzählt. Aber
heute ist dies Feriengebiet. Unser
Foto zeigt einen besonders schönen
Sonnenaufgang in Mitlosheim.

MITLOSHEIM

The area around Losheim is old agricultural land, and there are many stories and legends connected with places round and about - tales of reckless
knights and of the retreat from Russia
of Napoleons' ill-fated troops. But
those days are past

MITLOSHEIM

Losheim est situé au cœur d'un terroir
où sont nés maints contes et légendes. On raconte encore des histoires
sur les chevaliers pillards ou sur le
retour de Russie de Napoléon. La contrée est devenue un endroit de villé-
giature grâce à sa nature magnifique.

WEISKIRCHEN, Waldstimmung

Die Landschaft ist stark von Mischwald
geprägt. Ausnahme: Der „Schwarzwälder Hochwald" im nördlichen Landesteil,
rund um den Kurort Weiskirchen herum:
Hohe, dichte Nadelwälder bestimmen
das Bild und die gute Luft.

WEISKIRCHEN, Forest moods

The landscape is characterized by
mixed woodland, although the so-
called "Schwarzwälder Hochwald" is an
exception. Here, in the high-lying lands
around the health resort of Weiskirchen, the characteristic landscape is
of thick forests of high conifers.

WEISKIRCHEN, Forêt

Les forêts mixtes dominent le paysage
hormis au « Schwarzwälder Hochwald »
dans la partie nord du Land. D'épaisses
forêts de pins entourent la station climatique de Weiskirchen. Elles offrent
des randonnées agréables aux curi-
stes, qui viennent y chercher l'air pur.

SCHLOSS MÜNCHWEILER
WADERN, Schloß Dagstuhl

Ein barockes Kleinod: Schloß Münchweiler bei Nunkirchen. Es ist aber, weil in Privatbesitz, von Touristen ebenso nur von außen zu besichtigen wie das nicht weit entfernte Schloß Dagstuhl bei Wadern. Dort ist heute ein internationales Informatik-Zentrum zuhause. Doch die hübsche Schloßkapelle kann besucht werden. Die Tochter des Schloßherrn, die schöne Baronin Octavie de Lasalle von Louisenthal, deren Bild sogar in der Schönheitsgalerie Ludwigs I. hing, hat sie im letzten Jahrhundert selbst ausgemalt.

SCHLOSS MÜNCHWEILER
WADERN, Schloß Dagstuhl

Schloss Münchweiler near Nunkirchen - a Baroque jewel. It is, however, privately owned, and so, as with nearby Schloss Dagstuhl near Wadern, the visitor can only see its exterior. Nowadays Schloss Dagstuhl houses an international information technology centre. It is, however, possible to visit the attractive palace chapel. The paintings in the chapel date from the 19th century and were the work of Baroness Octavie de Lasalle von Louisenthal, the daughter of the lord of the palace, who was so beautiful that her portrait hung in Ludwig I's Gallery of Beauties.

CHATEAU DE MÜNCHWEILER
WADERN, château de Dagstuhl

Le château de Münchweiler près de Nunkirchen est un joyau de l'époque baroque. Il est une résidence privée et donc fermé au public de même que le château voisin de Dagstuhl près de Wadern qui abrite une société internationale. Mais on peut visiter sa chapelle splendide. Ses peintures murales furent réalisées au siècle dernier par la fille du maître des lieux, la baronne Octavie de Lasalle dont le portrait faisait partie de la galerie des beautés de Ludwig Ier.

▲ Schloß Dagstuhl

▼ Barock-Schloßkapelle

Wir wandern weiter, verlassen den „grünen Kreis" Merzig-Wadern und kommen jetzt in den Kreis St. Wendel, in das Land des Hirten-Heiligen mit den Schafen, St. Wendalinus. Viele „typisch saarländische" kleine Dörfer gibt es hier - wie das in die Hügellandschaft gebettete Örtchen Scheuern bei Tholey, mit seinen roten Ziegeldächern und der alles überragenden Kirchturmspitze.

We leave the 'green circle' of Merzig-Wadern and continue our journey to the borough of St Wendel, in the land of St Wendelin, the shepherd saint who tends his flock of sheep. There are any number of what one might call typical Saarland villages here which nestle in the rolling landscape, small villages like Scheuern, near Tholey, with its red brick roofs and its church spire that rises high above the surrounding houses.

Nous quittons le district de Merzig-Wadern et entrons dans celui de Saint-Wendel, le pays du berger Saint-Wendelin. La campagne ici est plus vallonnée que forestière. De nombreux petits villages typiquement sarrois se nichent dans les collines. L'un d'eux est Scheuern près de Tholey. La localité pittoresque est très caractéristique avec ses toits de tuiles rouges dominés par le haut clocher de l'église.

Der „Naturpark Saar-Hunsrück" reicht von Rheinland-Pfalz bis zur Mosel. Mitten drin liegt im Tal des Flüsschens Prims der Luftkurort Nonnweiler mit seinem „Hochwald-Dom". Nicht weit ist es von Nonnweiler zur international bekannten „Europäischen Akademie Otzenhausen".Bei diesem Ort Otzenhausen hat sich aber auch ein bemerkenswertes Relikt aus der saarländischen Vor- und Frühgeschichte glänzend erhalten: Ein Ringwall aus keltischer Zeit mit bis zu zehn Meter hohen Mauern.

The Saar-Hunsrück national park, listed as an area of outstanding natural beauty, stretches from the Rhineland-Palatinate to the Moselle. In the middle of the park stands the climatic health resort of Nonnweiler, in the valley of the little river Prims. Nonnweiler's most distinctive landmark is the ´Hochwald cathedral´. Not far away is the internationally famous European Academy of Otzenhausen, a European seminar centre. Near Otzenhausen can be found a extremely well-preserved relic of prehistoric Saarland, a Celtic ring fort with walls up to ten metres high.

Le Parc naturel de la Sarre-Hunsrück s'étend du Land de Rhénanie-Palatinat à la Moselle. La station climatique de Nonnweiler se niche dans la vallée de la petite rivière Prims. A quelques kilomètres de Nonnweiler se trouve « L'Académie européenne d'Otzenhausen » qui jouit d'une réputation internationale. Près d'Otzenhausen, on découvrira un vestige bien conservé de l'histoire préhistoire de la Sarre: une enceinte celte avec des murs atteignant 10 mètres.

Einer der saarländischen Stauseen liegt bei Nonnweiler. Durch das Stauen des Flüsschens Prims ist er entstanden - allerdings nicht zu Zwecken des Wassersports, sondern als Trinkwasserreservoir. Aber für Spaziergänge eignet er sich vorzüglich: In zwei Stunden kann man den See umrunden. Sehr gut ist übrigens die Anbindung des ganzen Saarlandes an das Autobahnnetz der Bundesrepublik. Das Luftbild zeigt zum Beispiel die Autobahn, die von Trier kommend durch Hunsrück und Hochwald nach Saarbrücken führt.

One of the Saarland reservoirs, illustrated here, can be found near Nonnweiler. It was created by damming the valley of little river Prims, although not for the use of water-sports enthusiasts, but for the storage of drinking water. It is nevertheless an ideal place for a stroll, for a walk round the reservoir takes only two hours. As a matter of interest, the whole of the Saarland has excellent connections with the national Autobahn network. The aerial photo, for example, shows the motorway that runs from Trier through the Hunsrück and Hochwald to Saarbrücken.

Un des lacs de la Sarre s'étend près de Nonnweiler. Il a été créé en retenant les eaux de la rivière Prims pour obtenir un réservoir d'eau potable. Mais il est également un lieu de détente très fréquenté. Une promenade agréable en fait le tour en deux heures. La région entière de la Sarre a un bon réseau d'autoroutes et est facilement accessible depuis la France. Sur la photographie aérienne, on peut voir l'autoroute qui relie Trèves à Sarrebruck.

BOSTALSEE

Auch der Bostalsee, der größte saarländische See, ist keine Gabe der Natur. Es hat Mühe und Arbeit, liebevolle Landschaftspflege und viel Geld gekostet, bis er war, was er heute ist: Eine Perle, eine touristische Attraktion im Tal bei Bosen. Es gibt ein Hallenwellenbad, in einer alten Mühle ist ein Kunstzentrum entstanden, und es finden Open Air- und sportliche Veranstaltungen, sogar Heißluftballon-Wettbewerbe statt. Aber vor allem: Der Bostalsee ist einfach schön, eingebettet in Wälder und Wiesen.

BOSTALSEE

The Bostalsee, the largest lake in the Saarland, is, like all the other lakes in the state, not a gift of nature. It took much time and trouble and much attentive landscaping till it achieved the state we see it in today: a pearl, a tourist attraction in the valley near Bosen. Recreational facilities here include an indoor wave pool, an art centre in an old mill, open air and sports events and hot air balloon contests. But quite apart from all this: the Bostalsee is, quite simply, beautiful in its tranquil setting of woods and meadows.

LAC DE BOSTAL

Le lac de Bostal qui est le plus grand lac sarrois n'est pas non plus une création de la nature. Sa réalisation et son aménagement ont coûté énormément d'argent et de travail. Mais il est aujourd'hui un endroit splendide et une des premières attractions touristiques de la vallée de Bosen. Les visiteurs y trouveront un complexe aquatique et un centre d'art installé dans un vieux moulin. Des manifestations sportives et des fêtes de plein air se déroulent fréquemment sur ses rives.

Mit 568 Metern ist der Schaumberg die höchste Erhebung im Saarland - ein beliebtes Wanderziel und ein saarländisches Symbol obendrein: Der Aussichtsturm bietet nämlich nicht nur diesen berühmten Blick übers Land, sondern er enthält auch eine Ausstellung über die deutsch-französischen Beziehungen. Und zu Füßen des Schaumbergs liegt unübersehbar, mitten im Ort Tholey, die gotische Benediktinerabtei St. Mauritius mit dem barocken Turmhelm. Nicht versäumen, wenn die Mönche ihre Gottesdienste feiern.

At a height of 568 metres, the Schaumberg is the highest point in the Saarland. It is a favourite goal for walkers and besides that, it is a symbol of the Saarland, for the observation tower offers not only a much-photographed panorama of the landscape but also an exhibition whose subject is the Franco-German relationship. And at the foot of the Schaumberg, in the centre of the town of Tholey, is another unmistakable landmark, the Gothic Benedictine abbey of St Mauritius with its Baroque tower. The monks' celebration of mass should not be missed.

Le Schaumberg haut de 568 mètres est le sommet le plus élevé de la Sarre et un symbole de la région: sa tour panoramique n'offre pas seulement une vue célèbre de la contrée, mais abrite aussi une exposition qui raconte les relations franco-allemandes. Tholey qui s'étend au pied du Schaumberg est dominée par l'abbaye bénédictine St-Maurice. L'édifice de style gothique est surmontée d'une tour baroque. A ne pas manquer: les offices célébrés par les moines.

ST. WENDEL, Basilika

Von Tholey aus ist es wirklich nur ein Katzensprung nach St. Wendel, in die Stadt des Heiligen Wendelin. Seine Basilika beherrscht das Städtchen, für das man etwas Zeit mitbringen sollte. Es gibt schöne alte Häuser, Reste der Stadtmauer und viele Legenden - wie die von Franz von Sickingen, der in den Reformationskriegen als Anhänger Luthers hier einmal durch ein Loch in der Mauer entwischt ist. Aber wer weiß schon noch, daß durch Erbschaft dieses Städtchen einmal zum weit entfernten Fürstentum Sachsen-Coburg-Lichtenberg gehört hat?

ST WENDEL, Basilica

From Tholey it is only a short distance to St Wendel, the town of St Wendelin. The saint dominates the town, which is a place which is not to be visited in a hurry. There are charming old houses, the remains of the town wall and numerous legends, like that of Franz von Sickingen, a disciple of Luther, who during the Wars of the Reformation escaped through a hole in the town's defences. But who still remembers that through inheritance St Wendel once belonged to the far-off Duchy of Saxe-Coburg-Lichtenberg?

SAINT-WENDEL, La basilique

Il n'y a qu'un saut de Tholey à Saint-Wendel, la ville de St. Wendelin. La localité pittoresque est remplie du souvenir du saint. Elle abrite de belles maisons anciennes, des vestiges importants de son enceinte et raconte maintes légendes dont celle de Franz von Sickingen, un partisan de Luther qui dut s'enfuir par un trou creusé dans l'enceinte durant les guerres de la Réforme. Et qui sait encore aujourd'hui que la petite ville a appartenu à la principauté lointaine de Saxe-Cobourg-Lichtenberg?

In St. Wendel steht auch das Missionshaus der Steyler Missionare mit einem eindrucksvollen Missionsmuseum. Und hier, am „Wendelsdom", nimmt die „Skulpturenstraße" ihren Anfang, ein 25 Kilometer langer Wanderweg durch schönste Landschaft, der gesäumt ist mit den Werken internationaler Bildhauer. Es gibt aber noch einen zweiten Skulpturenweg im Saarland, bei Merzig - dort führt er über die Grenze bis hinein in französische Dörfer und symbolisiert die unselige Grenzland-Vergangenheit und das friedliche Miteinander heute.

In St Wendel can be found the mission house of the Steyler missionaries with its impressive missionary museum. And there is 'St Wendels Cathedral' which marks the start of the sculpture route. This is a 25-kilometre-long path through wonderful scenery, bordered with the works of international sculptors. This is, however, not the only sculpture path in the Saarland. There is a second near Merzig, which crosses the border to run through French villages, a symbol of the unfortunate past and peaceful present of these frontier lands.

La maison des missionnaires Steyler, congrégation fondée en 1875, abrite un musée racontant les activités de la mission. La route des sculptures part de l'église de Saint-Wendel et se déroule sur 25 km à travers de beaux paysages. Des œuvres de sculpteurs internationaux se dressent sur ses bords. Une deuxième route des sculptures, près de Merzig, traverse la frontière et conduit à des villages français: elle est un symbole de la paix retrouvée entre les deux pays.

Das Saarland ist nicht gerade reich an architektonischen Kostbarkeiten. Zu arm waren hierzulande die Leute, und was schön war ist immer wieder den vielen Kriegen zum Opfer gefallen. Umso mehr lieben die Saarländer das Städtchen Ottweiler. Hier sind sogar Teile einer Stadtmauer erhalten und schöne Gebäude aus der Zeit, als Ottweiler Witwensitz der Saarbrücker Regentenfamilie war. Ein Puzzlespiel in dieser Stadt: Das Suchen und Finden von originellen Haustüren. Ein kurzweiliger Zeitvertreib.

The Saarland is not exactly rich in architectural treasures. People here were too poor, and what were once beautiful buildings have time and again fallen prey to the many battles fought on this soil. So much greater is the affection of the Saarlanders for the little town of Ottweiler. Here there are still remnants of the town wall and some fine buildings, which date from the days when the dowagers of the ruling family of Saarbrücken made Ottweiler their residence. Visitors to the town may like to look for original doorways - an entertaining way of whiling away the time.

La Sarre n'est pas très riche en joyaux architecturaux. Les habitants de la région étaient pauvres et les rares architectures de valeur furent détruites durant les nombreuses guerres. C'est pourquoi les Sarrois aiment tout particulièrement la petite ville d'Ottweiler qui a conservé un aspect médiéval avec une partie de ses remparts et de beaux édifices aux portes splendides datant de l'époque à laquelle la ville était résidence des veuves des régents de la Sarre.

NEUNKIRCHEN, Wasserturm

Früher hat man „im Reich", wie viele Saarländer heute noch zum großen Rest Deutschlands sagen, hartnäckig geglaubt, das ganze Saarland sei nur ein großes Industrievier. Tatsächlich hat es sich dabei aber nur um einen kleinen Bereich gehandelt - Neunkirchen zum Beispiel. Aber wo einst „die Hütte" qualmte, steht jetzt das größte Einkaufszentrum des Saarlandes.

NEUNKIRCHEN, water tower

There was a time when people in the rest of Germany - 'the Empire', as many Saarlanders still refer to it - were firmly convinced that the whole of the Saarland was no more than a huge industrial region. In truth, this applies only to a small part, as for example here in Neunkirchen. But where once an ironworks belched forth smoke, there now stands the largest shopping centre in the Saarland.

NEUNKIRCHEN, Château d'eau

Autrefois, la population du «Reich» - ainsi que beaucoup de Sarrois appellent encore le reste de l'Allemagne - croyait que la Sarre n'était qu'un immense complexe industriel. En vérité, les industries n'occupaient qu'une petite partie de la région. Neunkirchen fut une ville minière importante. Mais les hauts-fourneaux ne fument plus et la localité est connue aujourd'hui pour abriter le plus grand centre commercial de la Sarre.

ILLINGEN, Markt und St. Stephan

Viele der kleineren Orte im Saarland hüten bauliche Reste, die auf eine lange und bemerkenswerte Geschichte hinweisen. In Illingen zum Beispiel, nicht weit vom Autobahnkreuz Saarbrücken gelegen, gibt es Mauern der im späten elften Jahrhundert erbaute Burg Kerpen, und der alte Burgweiher ist auch noch da.

ILLINGEN, Market and St Stephan

Many of the smaller places in the Saarland preserve the remains of buildings which bear witness to a long and remarkable history. In Illingen, for example, not far from the Saarbrücken motorway junction, stand some sections of the walls of the late 11th century castle of Kerpen. The old castle pond is also still in existence.

ILLINGEN, Marché et St Stéphane

De nombreuses petites localités sarroises ont conservé des vestiges qui rappellent un long passé mouvementé. Illingen p. ex. abrite encore les ruines du château de Kerpen construit à la fin du 11e siècle et l'étang qui appartenait au château. Le village pittoresque est situé à proximité du croisement de l'autoroute de Sarrebruck.

Außer Kohle, Stahl und Keramik ist im Saarland auch viel Glas produziert worden - zum Beispiel in dem im Sulzbachtal gelegenen Städtchen Friedrichsthal. Aber rund um Friedrichsthal finden sich auch mehrere meist stillgelegte Gruben. Spuren von Leben und Arbeit der Bergleute sind überall - von der Bergwerkssiedlung bis zu den „Schlafhäusern" der Grubenarbeiter, die montags aus allen Teilen des Saarlandes hierher zur Arbeit kamen und erst am Wochenende für ein paar Stunden wieder nach Hause gehen konnten - zu Fuß natürlich.

In addition to coal, steel and ceramics, the Saarland used also to manufacture a considerable amount of glass, for example in the little town of Friedrichsthal in the valley of Sulzbach. But these days more and more deserted mines are to be found around Friedrichsthal. The miners who lived and worked here have left their traces everywhere, from the mine estate to the miners' dormitories. On Monday morning, workers would stream in from all parts of the Saarland, only returning home for a few hours at the weekend - on foot, naturally.

Outre le charbon, l'acier et la faïencerie, la Sarre a également assis son renom sur des verreries dont celle de Friedrichsthal, située dans la vallée de Sulzbach. Mais on trouve aussi plusieurs mines désaffectées autour de la localité. Les traces de la vie des mineurs sont partout: depuis les cités de mineurs aux dortoirs des ouvriers qui arrivaient le lundi matin de tous les coins de la Sarre et repartaient en fin de semaine pour passer quelques heures dans leurs foyers.

Was ist heute schon Salz? Früher war es ein ganz kostbares Gut. Deshalb haben die Grafen von Saarbrücken-Nassau auch die einzige Salzquelle in ihrem Land mit allen Mitteln auszubeuten versucht. Von 1560 bis 1736 war in Sulzbach – der Ortsname kommt natürlich vom Salz – die kleine Saline in Betrieb. Dann wurde sie aufgegeben: Sie war einfach nicht ergiebig genug. Erhalten geblieben ist das Salzbrunnenhaus mit dem Herrenhaus von 1730. Statt Salz wird heute hier die Kultur gefördert.

What is salt to us today? Once it was a precious commodity, which was the reason why the Counts of Saarbrücken-Nassau tried to exploit to the full the only source of salt in their lands. The small salt works in Sulzbach (the name naturally derives from the word salt) were in service from 1560 to 1736. Then the site was abandoned, for it was simply not productive enough. Only the saltworks house and the manor house of 1730 remain. Now the order of the day is the advancement of culture, not salt.

Le sel était autrefois une denrée précieuse. C'est pourquoi les princes de Sarrebruck-Nassau ont exploité l'unique source de sel de leur région jusqu'à ce qu'elle fut épuisée. Le sel fut extrait de la petite saline de Sulzbach entre 1560 et 1736. La localité dont le nom est dérivé du mot sel abrite encore la maison du sel et la maison de maître datant de 1730. Ces édifices sont aujourd'hui des centres culturels.

Von Friedrichsthal ist es nicht weit in die im Saar-Pfalz-Kreis gelegene Stadt St. Ingbert, die über zwei Jahrhunderte lang von Kohle, Eisen und Glas gut gelebt hat, jetzt aber ohne all diese Segnungen der Industrialisierung auskommen muß. Relikte aus der Blütezeit – etwa die „alte Schmelz" - werden heute sorgsam gehegt und gepflegt und für kulturelle Zwecke genutzt. Auch ein Stollen ist zu besichtigen. Aus St. Ingbert stammt übrigens der deutsche Expressionist Albert Weisgerber.

From Friedrichsthal it is not far to the town of St Ingbert, in the borough of Saar-Palatinate. For over two centuries, St Ingbert lived well from coal, iron and glass, but now it must manage without any of these blessings of industrialisation. Some of the remains of its heyday, like the old smelting works, have had care and attention lavished on them and are now used for cultural activities. One of the old mine tunnels is also open to the public. The German Expressionist painter Albert Weisgerber was a native of St Ingbert.

St Ingbert située dans le district Sarre-Palatinat, n'est pas très éloignée de Friedrichsthal. La ville qui fut prospère durant deux siècles grâce au charbon, à l'acier et à la verrerie, doit maintenant vivre sans les bienfaits de l'industrialisation. Des vestiges de l'âge d'or tels que la « vieille fonderie » sont soigneusement entretenus et servent à des fins culturelles. On peut aussi visiter une mine désaffectée. L'expressionniste allemand Albert Weisberger est né à St Ingbert.

Die Städte St.Ingbert, Blieskastel und Homburg sind die „pfälzischen" Städte an der Saar. Sie haben früher zu Bayern-Pfalz gehört, während der Rest des Landes in preussischer Verwaltung war. Ortsnamen erinnern noch daran. So gibt es zum Beispiel den Ort mit den zwei Teilen: „Bayrisch Kohlhof" heißt der eine, „Preussisch Kohlhof" der andere. Diese Gegend ist von Sandstein geprägt und überzogen von Felsen - im Bereich St. Ingbert zum Beispiel den „großen Stiefel", der tatsächlich an einen gewaltigen Schuh erinnert.

The towns of St Ingbert, Blieskastel and Homburg are the Palatinate towns of the Saar. At one time they belonged to the Bavarian Palatinate, while the rest of the land fell under Prussian domination. Some place names provide clear reminders of this period of the state's history. For example there is a place which is divided into two districts, called 'Bavarian cabbage farm' and 'Prussian cabbage farm'. Typical of this area are the sandstone rock formations like the one pictured here, the 'Big Boot', near St Ingbert, which really does look like a huge shoe.

St.Ingbert, Blieskastel et Homburg sont les villes «palatines» sur la Sarre. Elles appartenaient à la Bavière-Palatinat tandis que le reste de la région était sous administration prussienne. Des noms de localités rappellent cette époque. Par ex., Kohlhof est divisée en deux parties appelées «Bayrisch Kohlhof» (Kohlhof bavaroise) et «Preussisch Kohlhof» (Kohlhof prussienne). La région abonde en rochers de grès comme le « Stiefel » qui doit son nom à sa forme en botte.

KIRKEL - der Felsenpfad

Und noch mehr Felsen: Im nahen Örtchen Kirkel gibt es sogar einen Felsenrundwanderweg, der immerhin sechs Kilometer lang ist. Unter überhängenden Sandsteingebilden zieht sich der Felsenpfad. Ein geologischer Lehrpfad gehört auch dazu. Diese Landschaft ist eigentlich schon Teil des Pfälzer Waldes. Hier spricht man - bis nach Saarbrücken und Völklingen hin - Rheinfränkisch, während von dort bis nach Luxemburg das Moselfränkische mit „wat" und „dat" daheim ist.

KIRKEL, Rock path

And to follow the previous page, a few more rocks: in nearby Kirkel there is even a rock path, a circular route six kilometres long. It wends its way below overhanging sandstone rock formations, and there is a geological trail to follow too. This landscape is in fact part of the Palatinate forest, as is evident from the local speech. From here to Saarbrücken and Völklingen, the local dialect is Rhine-Franconian, while beyond, to the Luxembourg border, the dialect is Moselle-Franconian, where German words like 'was' and 'das' become 'wat' and 'dat'.

KIRKEL, Sentier des rochers

Kirkel, une petite localité voisine de St. Ingbert, propose un circuit géologique à travers un paysage de rochers. Le sentier de randonnée, long de six kilomètres, se faufile entre de hautes formations gréseuses. En fait, cette contrée appartient déjà au Pfälzer Wald (Forêt palatine). Le dialecte parlé ici jusqu'à Sarrebruck et Völklingen est le franconien-rhénan tandis que de l'autre côté, le dialecte parlé jusqu'au Luxembourg est le franconien-mosellan.

Die Burgruinen im Saarland sind fast alle ziemlich zerstört - erstens wegen der Kämpfe, die um sie getobt haben, zweitens, weil sie - wie früher überall - in vergangenen Zeiten von den Menschen als Steinbrüche ausgebeutet worden sind. Aber in unserer Zeit hat man sich daran gemacht, die Ruinen zu sanieren und wieder instand zu setzen - so auch bei der Burg Kirkel, deren runder Turm auf einem Berg thront und die Landschaft weithin überragt.

The castle ruins of the Saarland are almost all in a state of advanced decay, first as a result of the battles that once ravaged around them and secondly because - as everywhere else - people used to regard deserted castles as quarries for building stone. But in our own time, efforts have been made to restore the ruins and maintain them in good condition - as has been the case in Kirkel castle, whose round hilltop tower dominates the countryside for miles around.

Les vestiges des châteaux de la Sarre sont presque tous entièrement détruits à cause des batailles qui ont fait rage dans la région et aussi parce que leurs pierres ont servi de matériaux de construction au cours des siècles passés. Mais aujourd'hui, on se préoccupe de réhabiliter les ruines des anciens châteaux tels que celles de Burg Kirkel dont la tour ronde trône sur une colline et domine le paysage environnant.

Auf unserer Rundreise kommen wir nun immer tiefer hinein in das, was früher einmal das echte saarländische Industrierevier war. Zur ehemaligen Bergwerksstadt Bexbach zum Beispiel. Übriggeblieben von dieser Vergangenheit ist heute das Grubenmuseum unterm Hindenburgturm. Mal ausprobieren, wie es ist, durch Stollen zu kriechen? Viele Schulklassen kommen, um sich die Arbeitswelt der Vergangenheit anzusehen. Bexbach hat aber auch Buntes, Blühendes zu bieten: Einen wunderschönen Blumengarten rund um den Hindenburgturm.

On our round trip we are now probing deeper into the heart of what was once the real industrial heartland of the Saar. Here, for example, is the former mining community of Bexbach. What remains of its history can be found in the mining museum below the Hindenburg tower. Do you want to find out what it's like to crawl through mine tunnels? Plenty of school parties come to explore these bygone working conditions for themselves. But Bexbach flourishes in different ways, and in colour: there is a delightful flower garden surrounding the Hindenburg tower.

Notre circuit nous emmène maintenant au cœur de l'ancien bassin houiller de la Sarre. Bexbach était une ville minière dont le musée situé sous la tour d'Hindenburg raconte le passé. De nombreux visiteurs, notamment des classes d'école, viennent apprendre comment était le travail dans les mines autrefois. Qui a déjà essayé de ramper dans une galerie souterraine? Mais Bexbach n'a pas que des choses grises à montrer: un merveilleux jardin fleuri entoure la tour d'Hindenburg.

In den Schloßberghöhlen in Homburg geht die weiße Frau um. Manchmal, so wird erzählt, wenn in dem weit verzweigten Höhlensystem der Dunst steht, schwebt sie vorbei, und man höre sie weinen und klagen. Aber diese größten Buntsandsteinhöhlen Europas hat nicht die Natur geschaffen: Hier wurde Sand abgebaut. Geblieben sind lange Gänge, Hallen, mehrere Etagen. Und eben die Sage von der weißen Frau ..

Drifting around the Schlossberg caves in Homburg there is a White Lady. Sometimes, they say, when the mists arise in this widely branching cave system, she floats past, and you can hear her wailing and weeping. These are the biggest sandstone caves in Europe, but they are not natural. Sand was dug out here, but now all that remains are the long passages and man-made caverns, several stories of them. And, of course, there is the story of the White Lady...

La Dame blanche hante les grottes du Schlossberg. Les habitants de la contrée racontent qu'on l'entend parfois gémir lorsque la brume envahit le réseau de galeries et cavernes creusé dans la colline boisée. Ce n'est pas la nature, mais la main de l'homme qui a créé les plus grandes cavernes de grès d'Europe: il y avait ici une grésière qui fut exploitée pendant des siècles. Il en reste des corridors, des salles sur plusieurs étages ainsi que la légende de la Dame blanche...

In Homburg, dem Verwaltungssitz des Saar-Pfalz-Kreises, ist der medizinische Bereich der Universität des Saarlandes daheim. Aber in Homburg hat es auch einmal das größte Schloß Europas gegeben. Herzog Karl II. August von Pfalz-Zweibrücken, zu dessen Bereich Homburg gehörte, hat es Ende des 18. Jahrhunderts nach dem Vorbild von Versailles erbauen lassen. Doch es sind nur noch die Grundmauern übrig - noch nicht ganz fertig, ist „Schloß Karlsberg" während der französischen Revolution schon wieder zerstört worden.

In Homburg, the administrative centre of the borough of Saar-Palatine, can now be found the Faculty of Medicine of the University of the Saarland. But at one time the largest palace in Europe could also be found in Homburg. It was built at the end of the 18th century on the orders of Duke Karl August II of Palatinate-Zweibrücken, to whose lands Homburg belonged, and it was modelled on Versailles. Only the foundations remain, however. Before it could be completed, Schloss Karlsberg was destroyed during the French Revolution.

Homburg, siège administratif du district Sarre-Palatinat, abrite la faculté de médecine de la Sarre. La ville abrita autrefois le plus grand château d'Europe que le duc Charles-Auguste II du Palatinat-Zweibrücken fit ériger à la fin du 18e siècle selon le modèle de Versailles. Mais il ne reste que les fondations de l'édifice immense. Le château Karlsberg n'était pas encore entièrement achevé lorsqu'il fut détruit durant la Révolution française.

In Homburg gibt es auch noch Reste einer Festung, die zum Festungsgürtel gehörte, den Ludwig XIV., der „Sonnenkönig" von seinem Baumeister Vauban von Lothringen über das Land an der Saar bis in die Pfalz errichten ließ. Auch die größte Brauerei des Saarlandes ist hier daheim. Beim Bummel finden sich hübsche Häuser, originelle Brunnen - und jeden ersten Samstag im Monat ist hier der größte Flohmarkt im ganzen deutschen Südwesten.

In Homburg there are also the remains of a fortress. It was once part of the ring of fortresses that Louis XIV, the Sun King, commanded his architect Vauban to build. The line of defences extended from Lorraine across the lands of the Saar to the Palatinate. As for the present, the largest brewery in the Saarland is to be found in Homburg. If you wander its streets you will find pretty houses, original fountains, and, on the first Saturday in the month, the biggest flea market in south-western Germany.

Homburg possède encore les vestiges d'une enceinte que Louis XIV, le Roi-Soleil, fit construire par Vauban. Cette ceinture fortifiée s'étendait de la Lorraine au Palatinat. La ville abrite également la plus grande brasserie de la Sarre. En déambulant dans ses rues, on remarquera de belles maisons patriciennes et des fontaines originales. C'est aussi à Homburg que le plus important marché aux puces du Sud-Ouest de l'Allemagne a lieu, le premier samedi de chaque mois.

Was wäre das Saarland ohne seine Römer? Wo immer man zu graben beginnt, stößt man auf ihre Spuren. Spektakulärstes Beispiel: Die Römerstadt im Homburger Stadtteil Schwarzenacker. In der Zeit um Christi Geburt muß hier eine blühende Stadt bestanden haben. Sie ist dann von den Alemannen zerstört worden. Aber in unserem Jahrhundert ist ein großer Teil der Römersiedlung ausgegraben, restauriert und zum Teil auch rekonstruiert worden, mit „original römischer" Taverne und der Praxis eines Augenarztes.

What would the Saarland be without its Romans? Wherever you dig, you will come across their traces. The most spectacular example can be found in the excavation of a Roman town in Schwarzenacker, a suburb of Homburg. Around the time that Christ was born, there must have been a flourishing Roman town on this site, which was eventually destroyed by Alemannic tribes. In our century a large part of the Roman settlement has been unearthed, restored and in parts reconstructed, with 'original Roman taverns' and an ophthalmologist's surgery.

Que serait la Sarre sans les Romains? On découvre leurs traces partout où l'on creuse le sol. Un exemple admirable est la cité romaine située dans le quartier Schwarzenacker à Homburg. Une ville florissante exista ici à l'époque de la naissance de Jésus-Christ et fut détruite par les Alamans. Elle a été mise à jour, restaurée et en partie reconstruite durant notre siècle. La cité abrite entre autres une «véritable» taverne romaine et un cabinet médical.

BLIESKASTEL, Gollenstein

Von Homburg zieht es uns in den Bliesgau, nach Blieskastel - und dort besuchen wir doch zuerst mal den „Gollenstein", der wie ein großer Zeigefinger in den Himmel ragt. Es handelt sich um einen über sechs Meter hohen, etwa 4.000 Jahre alten keltischen Menhir, einen Monolith, und er soll der größte in Mitteleuropa sein. Zu Kriegsbeginn ist der Gollenstein umgelegt worden, damit Gegner ihn nicht als Zielpunkt nutzen konnten. Dabei zerbrach er in vier Stücke. 1951 ist er aber wieder in seiner ursprünglichen Form aufgerichtet worden.

BLIESKASTEL, Gollenstein

From Homburg our footsteps turn towards Bliesgau and Blieskastel, where we come across the Gollenstein, a huge rock that points up to the sky like a forefinger. The Gollenstein is actually a Celtic menhir, over six metres high. This monolith is about 4,000 years old and is said to be the largest in Central Europe. At the beginning of the last war the Gollenstein was removed so that it could not be used as a targeting aid by the enemy. It broke into four pieces during the transfer, but in 1951 was returned to its original spot in its original form.

BLIESKASTEL, Rocher «Gollenstein»

Nous quittons Homburg pour la contrée dite Bliesgau où s'étend Blieskastel et allons d'abord visiter le «Gollenstein» qui se dresse comme un doigt levé dans le ciel. Ce menhir celte qui a environ 4.000 ans et six mètres de hauteur, serait le plus haut monolithe d'Europe. Il fut couché sur le sol pour ne pas servir de cible à l'ennemi lors de la dernière guerre et se cassa alors en quatre morceaux. Mais il fut réparé et remis dans sa position originale en 1951.

Blieskastel ist die saarländische „Barockstadt", mit vielen prachtvollen Gebäuden eine Besonderheit hierzulande. Zu verdanken ist dies der Gräfin Marianne von der Leyen, die im 18. Jahrhundert hier gelebt und sich eine richtige Residenzstadt geschaffen hat. Die französische Revolution hat Marianne vertrieben. Geblieben sind die schönen Kirchen, das Rathaus am Paradeplatz, die Orangerie, die heute kulturelles Zentrum ist. Eine Wallfahrtskirche gibt es in der Nähe auch: Heiligkreuz heißt sie.

Blieskastel is the Baroque town of the Saarland, and with its many splendid buildings, it is quite exceptional in this region. Blieskastel owes its architecture to Countess Marianne von der Leyen, who lived here in the 18th century and endowed the buildings with all the characteristics of an aristocratic residence town. The French Revolution finally drove Marianne out. Still remaining are the fine churches, the town hall on Paradeplatz and the Orangerie, now a cultural centre. Nearby there is the pilgrimage church of Heiligkreuz, or Holy Cross.

Blieskastel est la ville baroque de la Sarre. Elle abrite de nombreux édifices magnifiques datant du 18e siècle. Ils furent érigés par la comtesse Marianne de Leyen qui désirait embellir sa ville de résidence. La Révolution française chassa la comtesse, mais épargna les églises splendides, l'hôtel de ville sur la place de Parade et l'Orangerie qui est aujourd'hui un centre culturel. L'église de pèlerinage de la Sainte-Croix se dresse à proximité de la ville.

▲ Schloßkirche   ▼ Orangerie auf dem Schloßberg   ▲ Wallfahrtskirche Heiligkreuz   ▼ Evangelische Kirche (1912)

Reinheim, der Ort mit dem runden Kirchturm liegt nicht weit von Blieskastel entfernt, nahe an der französischen Grenze, und hat für die Saarländer besondere Bedeutung: Hier wurde ein keltisches Fürstinnengrab gefunden mit kostbaren Grabbeigaben. Aber gleich neben dieser Ausgrabungsstelle haben auch die Römer ihre Spuren hinterlassen: Eine ganze Villa und viele Läden. Und weil sich die Ausgrabungen über die deutsch-französische Grenze erstrecken, ist hier der „Europäische Kulturpark" entstanden.

Reinheim near Blieskastel, the town with the round church tower near the French border, has a special significance for the Saarlanders. The grave of a Celtic princess was discovered here, containing valuable burial gifts. But on a site immediately next to the burial place, there are also traces of the Roman occupation, including a complete villa and a number of shops. And because the excavation site spans the French-German border, this has become the European Culture Park.

Reinheim, près de Blieskastel, est dominée par le clocher rond de son église. La localité située près de la frontière française possède un des trésors de la Sarre: le tombeau d'une princesse celte qui contenait de précieux objets funéraires. Juste à côté de la tombe, on mit également à jour une grande villa et une rue de magasins datant de l'époque romaine. Le site de fouilles qui s'étend sur les deux côtés de la frontière franco-allemande a reçu le nom de Parc culturel d'Europe.

KLEINBLITTERSDORF

Immer näher rücken wir jetzt der Landeshauptstadt. Aber da ist ja erst mal noch Kleinblittersdorf, am Lauf der Saar gelegen. Dies ist kein Ort mit aufregenden Bauwerken. Aber dafür zeigt Kleinblittersdorf alle Merkmale eines von der Grenze lange und intensiv zerteilten Dorfes. Drüben, über der Saar, liegt die Schwestergemeinde - die heißt aber, weil sie französisch ist, „Grosbliederstroff". Originell der Brunnen, dessen Wasser seit altersher Kindersegen verspricht. „Im ganzen Land Kindchesburre werr genannt" steht darauf.

KLEINBLITTERSDORF

Before reaching the state capital, we come to Kleinblittersdorf on the Saar. Kleinblittersdorf may be unexciting, architecturally speaking, but it displays all the characteristics of a place of long and vehement border divisions. Over the river is the sister community, which, being French, is called Grosbliederstroff. The fountain is exceptional, for, as the old dialect inscription records, it is 'called the child fountain throughout the land'. From time immemorial its waters have been credited with the power of ensuring an abundance of offspring.

KLEINBLITTERSDORF

Si Kleinblittersdorf sur la Sarre ne possède pas de monuments exceptionnels, elle a tous les attributs d'une localité qui fut longtemps divisée par des conflits frontaliers. Sa commune jumelle s'étend sur la rive française de la rivière et s'appelle Grosbliederstroff. Une très vieille légende est attachée à la fontaine pittoresque: on dit que son eau est bénéfique pour les femmes qui désirent des enfants. Du moins c'est ce qu'affirme l'inscription dans la pierre.

Jetzt haben wir Saarbrücken erreicht. Über die Stadtautobahn sind wir gekommen, die tatsächlich mitten durch die Stadt führt, an der Saar entlang. Und wenn es dieser gefällt, mal eben über die Ufer zu treten, dann bricht in der Hauptstadt des Saarlandes der Verkehr zusammen. Erst zu Beginn unseres Jahrhunderts ist die heutige Stadt aus drei Städten entstanden. Dazu gehörten Alt-Saarbrücken, der ehemalige Sitz der Saarbrücker Grafen und Fürsten, und die Schwesterstadt St. Johann am anderen Saarufer.

Now we have reached Saarbrücken. We have arrived via the city autobahn, which really does run right through the middle, along the Saar. And whenever the Saar feels like overflowing its banks, the whole of the traffic in the state capital comes to a standstill. Saarbrücken was created at the beginning of the 20th century by amalgamating three towns. One was Old Saarbrücken, the former seat of the Saarbrücken counts and princes, and another was the sister community of St Johann, on the opposite bank of the Saar.

Nous entrons dans Sarrebruck par le périphérique qui traverse également la ville en son milieu, le long de la Sarre. La ville dans sa forme actuelle n'existe que depuis le début de notre siècle. Elle est la réunion de trois localités dont Altsaabrücken (Vieux-Sarrebruck) l'ancien siège des comtes et princes de la Sarre et la ville jumelle de St. Johann, située sur l'autre rive de la rivière.

Das saarländische Staatstheater ist ein Herzstück der Landeshauptstadt, direkt am Saarufer gelegen. Der Bau war ein Geschenk des „Führers" an das heimgekehrte Saarland, ist also noch verhältnismäßig jung. Die Saarbrücker Theatergeschichte ist aber viel älter - schon die Grafen und die Fürsten haben Theater unterhalten, darin auch selbst gespielt. Saarbrücken hat eine sehr lebendige Kulturszene, es gibt - in der „Alten Feuerwache" - ein zum Staatstheater gehörendes Sprechtheater und zahlreiche kleine, private Bühnen.

The Saarland state theatre stands at the very heart of the capital, directly on the banks of the Saar. The building was a present from the 'Führer' to his newly acquired region and is thus relatively new. The history of the theatre in Saarbrücken, is, however, far older than this. The local aristocracy maintained a theatre and even played roles in it themselves. Saarbrücken enjoys a very lively cultural life and in addition to numerous small, private theatres, plays are staged in an offshoot of the state theatre in the 'Alten Feuerwache'.

Le théâtre national de la Sarre se dresse sur une rive de la rivière, au cœur de la capitale du Land. L'édifice est relativement récent puisqu'il fut construit durant le régime national-socialiste après que la Sarre fut redevenue allemande. Cependant, Sarrebruck a une tradition théâtrale bien plus ancienne: ses comtes et ses princes finançaient des théâtres et jouaient même sur leurs scènes. Aujourd'hui encore, Sarrebruck jouit d'une vie culturelle très animée.

Zweifellos zum Schönsten im Saarland gehört der Saarbrücker Ludwigsplatz mit der Ludwigskirche und den um den Platz gruppierten Palais'. Fürst Wilhelm Heinrich von Nassau-Saarbrücken hat dieses geniale Ensemble vom Berliner Baumeister Stengel errichten lassen, und dazu die Prachtstraße, die über die Saarbrücke bis nach St.Johann führte - zum katholischen Pendant der evangelischen Ludwigskirche, der Basilika St.Johann.

Without doubt, one of the most beautiful places in the Saarland is Ludwigsplatz, with the Ludwig church and the surrounding buildings of the palace. This inspired ensemble was built on the orders of Prince Wilhelm Heinrich of Nassau-Saarbrücken and was designed by the Berlin architect Stengel. From here, a splendid boulevard runs over the Saar bridge to St Johann and the Roman Catholic counterpart to the Protestant Ludwigskirche, the basilica of St Johann.

La Ludwigplatz, bordée d'hôtels particuliers du 18e siècle et la Ludwigkirche, remarquable église baroque vouée au culte protestant, constituent un des plus beaux ensembles architecturaux de la Sarre, réalisé par l'architecte berlinois F.J. Stengel pour le prince Guillaume-Henri de Nassau-Sarrebruck. Une avenue magnifique datant de la même époque franchit la Sarre et conduit à la basilique Saint-Jean (culte catholique), due également à Stengel.

Auch das Schloß der Saarbrücker Fürsten war ein Stengel-Bau, allerdings hat es nur 20 Jahre gestanden und ist dann abgebrannt. Das heutige Schloß ist eine vereinfachte Nachbildung, erhält jedoch seinen besonderen Reiz durch den vom berühmten modernen Baumeister Gottfried Böhm eingefügten gläsernen Mittelrisalit. Rund um den Platz gruppieren sich mehrere Museen - das für Vor- und Frühgeschichte, das Regionalgeschichtliche Museum und eine saarländische Besonderheit: Das einzige deutsche „Abenteuermuseum".

The palace of the princes of Saarbrücken was also the work of Stengel, although it survived for only twenty years before it was burned to the ground. The present-day palace is a simplified reproduction of the original, though with its central facade projection of glass, designed by the famous modern architect Gottfried Böhm. it possesses its own charms. Round the square are grouped several museums: a museum of prehistory and early history, a museum of regional history and a Saarland speciality, the only German 'Adventure Museum'.

Le château des princes de Nassau-Sarrebruck fut également construit par F. J. Stengel, mais dévasté par un incendie 20 ans plus tard et restauré dans une forme simplifiée. L'édifice actuel a un charme tout particulier apporté par la partie moderne en verre due au célèbre architecte contemporain Gottfried Böhm. Plusieurs musées se groupent autour de la place: le musée de la Préhistoire, le musée de l'Histoire régionale et une curiosité unique en Allemagne: un musée de l'Aventure.

Wir sind jetzt wieder an der Saar - in Völklingen, das einst im Ruf stand, die schmutzigste Stadt Deutschlands zu sein. Aber das ist Vergangenheit: Hier wird zwar noch Stahl verarbeitet, aber nicht mehr gekocht. Die Luft ist jetzt recht sauber geworden. Um die Völklinger Hütte, die früher Feuer in den nächtlichen Himmel spuckte, ist es heute, rein akustisch und von der Arbeitsseite her betrachtet, still geworden. Umso stärker ist der Besucherstrom seit die gewaltige Industrieanlage von der UNESCO als Weltkulturerbe anerkannt worden ist.

We have returned to the Saar and to Völklingen, once reputed to be Germany's filthiest town. But those days are gone. Steel is still processed here, but the furnaces are closed and the air is clean. Around the Völklinger steelworks, which once spewed fire into the night sky, silence has fallen, both acoustically speaking and regarding employment. But so much more has the surge of visitors and press taken over, after the huge, completely preserved industrial plant was declared by UNESCO to be a monument of international cultural significance.

Nous voici de retour sur la Sarre, à Völklingen qui avait autrefois la réputation d'être la ville la plus sale d'Allemagne. Mais cela appartient au passé. Si la ville possède encore une industrie de l'acier, les flammes de l'usine sidérurgique n'embrasent plus le ciel et les hauts-fourneaux ne fument plus. La pollution a disparu. Aujourd'hui, l'immense complexe industriel est visité par des milliers de visiteurs depuis que l'UNESCO l'a déclaré patrimoine culture mondial.

Riesige Schwungräder lehren in der ungeheuer großen „Gasgebläsehalle" der Völklinger Hütte heute noch das Fürchten. Aber der Krach, den die Maschinen machten - der wird heute per Tonband eingespielt, damit die Besucher den richtigen Eindruck bekommen. Die Gasgebläse-halle ist heute ein überaus beliebtes Kulturzentrum. In dem schier himmelhohen Raum ist die Akustik umwerfend gut. Konzerte - auch klassische - finden hier statt.

The gigantic flywheels in the gas-blowing hall of the Völklinger steelworks still strike fear into the hearts of observers. But so that visitors gain an authentic impression of the scene, the noise the machines once made is now relayed via a tape recorder. The gas blowing hall is today an extremely popular culture centre. The acoustics of this incredibly high chamber are amazingly good, and concerts - classical and otherwise - often take place here.

Les énormes machines dans la soufflerie à gaz de l'ancienne usine présentent un spectacle impressionnant. Cependant, le bruit assourdissant que les visiteurs entendent provient d'une bande magnétique. Autrefois, les ouvriers devaient travailler dix heures par jour dans ce vacarme. Le hall immense est aujourd'hui utilisé à des fins culturelles, notamment pour des concerts de musique classique en raison de son acoustique extraordinaire.

Daß das nahe bei Saarbrücken gelegen Städtchen Püttlingen einmal kurzfristig zu Ostfriesland gehört hat, mag kaum jemand glauben. Aber mit dem Erben war das schon immer so eine Sache. Püttlingen kann aufwarten mit den Resten einer alten Wasserburg, mit einem barocken Jagdhaus und im Ortsteil Köllerbach mit dem saarländischen Uhrenmuseum. Im früheren Bahnhof ist ein Kulturzentrum eingerichtet worden. Und rundum gibt's, wie überall im Saarland, viel Grün, viel Wald. Und keine Industrie mehr.

Hardly anyone would guess that Püttlingen, situated near Saarbrücken, belonged to the north German region of East Friesland for a short time. But when it came to inheritances, matters just turned out like that. Püttlingen can offer the remains of an old moated castle, a Baroque hunting lodge and, in the suburb of Köllerbach, the Saarland Clock Museum. The former railway station now houses a culture centre. Surrounding the town, as everywhere in the Saarland, are areas of green, abundant woodlands. And no industry any more.

La petite ville de Püttlingen, située près de Sarrebruck, a une histoire curieuse: elle appartint jadis à la province lointaine de la Frise orientale à qui elle était revenue en héritage. La localité pittoresque qui s'étend au cœur d'une campagne verdoyante, possède un vieux château et un pavillon de chasse de style baroque. Le musée sarrois de l'horlogerie se trouve dans le quartier de Köllerbach. L'ancienne gare de la commune abrite aujourd'hui un centre culturel.

Eine der vielen Burgen im Saarland trägt den schönen Namen „Teufelsburg". Sie liegt ziemlich steil über der Stadt mit dem französischen Namen - Saarlouis. Dieses Gebiet hat einmal zu Frankreich gehört. Ludwig XIV., der Sonnenkönig, hat hier an der Saar vom großen Vauban eine Festung bauen lassen, die nach ihm benannt wurde. Das war 1680, und zur Einweihung ist Ludwig selbst hier gewesen. Später haben die Preussen Einzug gehalten und aus der Festung wurde eine Stadt.

One of the many castles of the Saarland bears the intriguing name of Teufelsburg, or Devil's Castle. It stands on a steep prominence high above the town with the French name of Saarlouis. This area was once French territory, and Louis XIV, the Sun King, commanded the great architect Vauban to build a fortress here on the Saar, to be called after himself. That was in 1680, and Louis himself was present at the official opening. Later the Prussians took over, and a town grew up around the fortress.

Le château de Teufelsburg (château du diable) surplombe Sarrelouis qui doit son nom à Louis XIV. La ville était à l'origine une forteresse, construite par Vauban en 1680. Le Roi-Soleil vint en personne assister à son inauguration. Sarrelouis fut française jusqu'en 1815, date à laquelle elle revint aux Prussiens qui l'agrandirent et la transformèrent en véritable ville. Ses fortifications furent rasées en 1889, mais il en reste encore quelques traces.

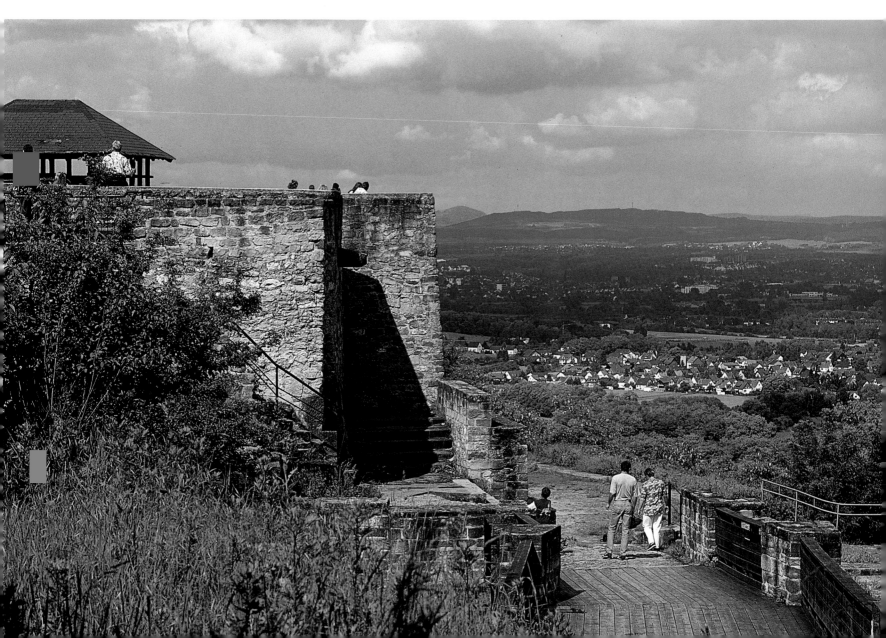

Die Straßen von Saarlouis, der „heimlichen Hauptstadt" des Saarlandes, verlaufen sternförmig, wie Vaubans längst geschleifte Festung angelegt war. Die verbliebenen Kasernen und Kasematten beherbergen heute Kultureinrichtungen und jede Menge Restaurants und Kneipen. An schönen Sommertagen scheinen die engen Gässchen der Altstadt ein einziges riesiges Freiluft-Café zu sein. Marschall Ney, der General Napoleons - „Le Brave des Braves" - ist hier geboren.

The streets of Saarlouis, the secret capital of the Saarland, run out from the centre like spokes of a wheel, following the ground plan of Vauban's fortress, which was razed to the ground long ago. The remaining barracks and casemates now house cultural institutions and a large number of restaurants and public houses. On sunny summer days the narrow lanes of the Old Town seem to be one vast open-air café. Saarlouis was the birthplace of 'Le Brave des Braves' - Marshal Ney, Napoleon's great general.

Les rues de Sarrelouis, la «capitale secrète» de la Sarre ont conservé la topographie en forme d'étoile de la forteresse de Vauban. Les anciennes casernes et casemates abritent aujourd'hui des installations culturelles, des restaurants ou des cafés. Par les beaux jours d'été, des terrasses envahissent les ruelles étroites de la vieille-ville. La maison natale du maréchal Ney (1769-1815) porte une plaque commémorative qui rappelle celui que Napoléon appela le «Brave des Braves».

SAARLOUIS, Einkaufsgalerie

Als Vauban anfing zu bauen, war das Saartal flaches, sumpfiges Land. Und so ist Saarlouis heute einer der wenigen ebenen Orte im Saarland. Erst in den Außenbezirken, in Richtung zur französischen Grenze, geht es hügelwärts - bis dahin, wo die Grenze den Ort Leiningen in einen deutschen und einen französischen Teil zerschneidet. Die Saarländer schätzen Saarlouis als Einkaufsstadt mit einem „Hauch Frankreich".

SAARLOUIS, Gallery

When Vauban began work on his fortress, the Saar valley consisted of flat, marshy land. And so these days Saarlouis is one of the few towns in the Saarland built on a level. It is not until you reach the outskirts, in the direction of the French border, that you strike hilly countryside, which rises up to the point where it reaches the town of Leiningen, a community cut in half by the French-German border. Saarlouis is beloved by the Saarlanders as the shopping centre with the 'French touch'.

SARRELOUIS, Centre commercial

Pour les Sarrois, Sarrelouis est aujourd'hui une ville commerçante au cachet français. Elle est une des rares localités de la région sans aucun relief car cette partie de la vallée de la Sarre était un vaste marais lorsque Vauban y construisit sa forteresse. Des collines ne se dessinent qu'à partir des faubourgs et s'étendent jusqu'à la frontière qui sépare la commune de Leiningen en une partie française et une partie allemande.

DILLINGEN, Saardom

Dillingen, gleich neben Saarlouis gelegen, ist heute noch Stahl-Standort. Hier kann man nächtens noch die glühenden Funken gen Himmel stieben sehen. Aber die Hütte ist ganz gut „verborgen", sie drängt sich nicht ins Stadtbild, das vom „Saardom" beherrscht wird. Nicht weit von hier mündet die Prims, der wir schon bei Nonnweiler begegnet sind, in die Saar, und am anderen Saarufer ergießt sich das ungestüme Flüßchen Nied, das aus Lothringen kommt und ein Paradies für Wildwasserfahrer ist, in den Fluß.

DILLINGEN, Saar cathedral

Dillingen, the neighbouring town of Saarlouis, is still a town of steel manufacture, and after dark you can still see the glowing particles shooting into the night sky. But the steelworks are quite well concealed and do not intrude upon the townscape, which is dominated by the 'Saar Cathedral'. Not far away is the confluence of the Prims (which we met back in Nonnweiler) and the Saar. On the other bank the little river Nied flows impetuously down from Lorraine into the Saar. Its turbulent waters provide a paradise for wild water enthusiasts.

DILLINGEN, Cathédrale de la Sarre

Les aciéries de Dillingen furent fondées en 1685 par un marquis français qui reçut une patente de Louis XIV. L'usine lance toujours ses flammes dans le ciel nocturne, mais elle reste discrète et ne s'impose pas dans la physionomie de la ville que domine l'importante église surnommée «cathédrale de la Sarre». A proximité, la Prims se jette dans la Sarre de même que le Nied, un petit cours d'eau sauvage qui vient de Lorraine et est un paradis pour les amateurs de rafting.

Hier, am Dillinger Hafen, endet vorläufig noch die „Großschiffahrtstraße Saar". Hier laden die großen Schleppverbände, die Europa-Kähne, ihre schwere Fracht ab, die sie von Rotterdam geholt haben. Die Saar, früher einmal Haupttransportweg, war schon seit dem letzten Jahrhundert nicht mehr schiffbar. In den siebziger Jahren begann dann der Ausbau des Flusses bei Konz, wo er in die Mosel mündet. 1987 war die Eröffnung der Flußschiffahrt auf der Saar - aber eben nur bis Dillingen. Ein weiterer Abschnitt Richtung Völklingen ist im Ausbau.

Here, in Dillingen harbour, the Great Saar Waterway comes to a end, for the time being at least. In Dillingen the big barge companies unload the heavy freight that they have transported from Rotterdam. The Saar, which was once a major inland shipping route, became unnavigable as early as the 19th century. In the nineteen-seventies, a river development programme began near Konz, where the Saar flows into the Mosel. In 1987 the Saar was again opened to shipping, but only as far as Dillingen. A further stretch in the direction of Völklingen is now under construction.

La navigation fluviale sur la Sarre s'arrête à Dillingen. C'est ici que les grandes péniches débarquent les chargements qu'elles ont pris à bord à Rotterdam. La Sarre fut autrefois une voie de transport cardinale, mais elle n'était plus navigable au siècle dernier. L'aménagement de la rivière entre Konz, près de sa jonction avec la Moselle et Dillingen commença dans les années 70 et fut achevé en 1987. Un autre tronçon est en cours jusqu'à Völklingen.

Wir sind nach unserer Rundfahrt durch das Saarland jetzt wieder zurückgekehrt in den „grünen Kreis" Merzig-Wadern und schauen uns mal die kleine Stadt Merzig an. Ein munterer Bach hat auf seinem Weg zur Mündung in die Saar früher mitten im Städtchen mehrere Mühlen betrieben, darunter auch die „Fellenberg-Mühle". Die Maschinen einer mechanischen Werkstatt wurden hier mit Wasserkraft betrieben - und sie tun es heute wieder: Die Fellenberg-Mühle ist ein sehenswertes Museum. Noch eine Merziger Besonderheit: Das weltberühmte Wolfsfreigehege.

We have reached the end of our round trip of the Saarland and have arrived at the 'green circle' of Merzig-Wadern. Now it is time to look at the little town of Merzig. A stream rushing through the town once drove a number of mills on its way to the Saar, among them the Fellenberg mill. The machines of the mechanical workshop were driven by water-power, and now they have yet again been set in motion. The museum of precision mechanics in Fellenberg mill is well worth a visit. Another speciality of Merzig, which has since become world-famous - the open-air wolf park.

Le circuit à travers la Sarre nous ramène dans le district verdoyant de Merzig-Wadern. Autrefois, un ruisseau allègre alimentait plusieurs moulins de Merzig avant de se jeter dans la Sarre. L'un d'eux est le moulin de Fellenberg qui procurait l'énergie aux machines d'un atelier de mécanique. Le moulin fonctionne de nouveau, mais aujourd'hui pour les visiteurs car il a été transformé en musée. Une autre curiosité de Merzig est la réserve des loups connue dans le monde entier.

Viezfest? Um es mitfeiern zu können, das größte Merziger Fest, muß man erst einmal wissen, was der Begriff „Viez" eigentlich bedeutet. Und erfährt: Auch daran sind die Römer schuld. Die haben nämlich in ihrem Gastland an Saar und Mosel viele Äpfel vorgefunden. Und daraus haben sie Apfelwein gemacht, den sie „Vice vinum" nannten - „Ersatzwein" sozusagen. Alljährlich wird das „Viezfest" gefeiert, wird auch die Viezkönigin gekrönt. Eine „Äppelkischt" ist die untere Saar übrigens heute noch - ein Land der Streuobstwiesen.

Viez festival? If you want to join in Merzig's greatest festival, you really have to know what 'Viez' means. And you discover that, yet again, it is all the Romans' fault. While the Saarland and the Moselle were playing host to them, the Romans discovered that there were lots of apples here. They made apple wine out of them, which they called 'Vice vinum' - imitation wine, so to speak, and the phrase was shortened to 'Viez'. The Viez festival is celebrated annually, accompanied by the crowning of the Viez Queen. Nowadays the lower Saar is still a region of apple orchards.

Que signifie le mot «Viez» désignant la plus grande fête annuelle de Merzig? Ce terme remonte aux Romains qui découvrirent d'innombrables pommiers quand ils vinrent s'installer en Sarre et en Moselle. Ils fabriquèrent un vin de pomme qu'ils appelèrent «vice vinum», à savoir vin ersatz. L'expression s'est germanisée au fil du temps pour devenir «Viez». Aujourd'hui encore, la Sarre inférieure est une région réputée pour ses vergers de pommes.

MERZIG, St. Peter

Romanik findet sich im Saarland wenig. Herausragendes Prunkstück ist aber die romanische Kirche St. Peter in Merzig. Sie ist oft umgebaut, immer wieder verändert worden - und dann wurden schließlich die Veränderungen wieder rückgängig gemacht. Herausragendes Ereignis in der Geschichte von St. Peter: Hier hat die erste öffentliche Ausstellung des Trierer „Heiligen Rocks" stattgefunden. Auf einer Rückführung von einer seiner häufigen „Evakuierungen", erzwangen die Bürger einen Aufenthalt, um vor dem Rock Jesu beten zu können.

MERZIG, St Peter

There are few Romanesque buildings in the Saarland. The finest showpiece of Romanesque architecture is the church of St Peter in Merzig. It has often been extended and altered, but such changes were always reversed. One of the most notable events in the history of St Peter was the first public exhibition of the Holy Robe of Trier. The Robe was frequently removed from Trier because of war, and on its way back from one of these evacuations, in a sealed waggon, it passed through Merzig. The inhabitants forced it to halt, so that they could pray before the Robe of Christ.

MERZIG, Eglise St. Pierre

L'église St. Pierre de Merzig est d'autant plus précieuse que les édifices de style roman sont rares en Sarre. La belle église construite à la fin du 12e siècle fut remaniée à maintes reprises avant d'être à chaque fois restaurée dans sa forme initiale. C'est ici que la «Robe du Christ» fut pour la première fois exposée publiquement lorsque les habitants de Merzig arrêtèrent le chariot scellé qui la rapportait à Trèves pour pouvoir prier devant la précieuse relique.

A „Hoorische" oder „Buwespatze"

B „Gefillde" – Kartoffelklöße

C „Lyoner Auflauf"

D „Dibbelabbes"

Die saarländische Küche ist handfest - die Küche der armen Leute eben, bei denen es immer weniger um die Feinschmeckerei als ums Sattwerden gegangen ist. Kartoffeln bildeten das Hauptnahrungsmittel. Im Hochwaldraum ist gar überwiegend nur Buchweizen gewachsen, und wenn der in schlechten Jahren auch noch mißriet, haben die Menschen Baumrinde gemahlen und zu Brot gebacken. Aber wenn sie Kartoffeln hatten, dann sind ihnen auch die tollsten Rezepte dafür eingefallen - und passende, oft recht drastische Namen dazu. Weil aber die Sprache hierzulande genau so handfest ist wie die Küche, haben Nichtsaarländer sicherlich häufig Probleme damit, die Namen der einheimischen Gerichte zu verstehen - zumal noch die saarländische Sprachgrenze zwischen dem moselfränkischen und dem rheinfränkischen Sprachraum eine zusätzliche Hürde darstellt. Nehmen wir mal Bild **D**. Das Gericht heißt „Dibbelabbes", besteht aus geriebenen Kartoffeln mit Speck, im Topf mit viel Geduld langsam gebacken. Der Name kommt teilweise vom „Dibbe", dem Topf. „Labbes" aber sagt man zu einem etwas ungeschlachten Menschen. Oder **A**: Es handelt sich hier um „Hoorische" oder, landschaftlich verschieden, „Buwespatze". „Hoorisch", also haarig, wirken die Klöße, weil sie aus rohen geriebenen Kartoffeln gemacht sind. Die „Buwespatze" sind aus dem gleichen Teig, nur anders geformt. Die Leser mögen doch selbst darüber nachdenken, woher dieser Name kommt.... Dann ist da ja noch Bild **B** und da geht es auch um Klöße. Aber die sind diesmal gefüllt und heißen deshalb „Gefillde". Die Fülle besteht aus Leberwurst. Schmeckt viel besser als es sich anhört. Bild **C** allerdings ist ein Gericht mit kürzerer Geschichte: Der „Lyoner Auflauf" besteht aus Fleischwurst im Ring, die hierzulande Lyoner genannt wird, obwohl in Lyon kein Mensch diesen Begriff kennt, und wurde erst vor einigen Jahren von einem preisgekrönten Koch erfunden.

Nicht im Bild, aber leicht vorzustellen, ist das absolute saarländische Lieblingsgericht unserer Tage: „Schwenker". Kein saarländischer Garten - und fast jeder Saarländer hat sein eigenes Häuschen und sein Gärtchen - ohne den Grillplatz für's „Schwenken" des heißgeliebten Steaks. Wer im Sommer über das Saarland fliegt, muß glauben, ein Flächenbrand sei ausgebrochen. Weil allüberall die Rauchfähnchen von den Grillfesten aufsteigen...

The cuisine of the Saarland is solid and substantial - the food of the poor, in fact, who were less concerned with gourmet meals than with filling their stomachs. Potatoes were the staple diet, though in the Hochwald district, buckwheat was almost the sole crop, and when in lean years the harvest failed, the populace ground tree bark and made it into bread. But when potatoes were available, people thought up the most amazing recipes, with suitable, not to say dramatic names, to match. Unfortunately, since the local speech is as unpretentious as the local fare, non-Saarlanders will certainly have difficulties understanding the names of regional dishes, an additional obstacle being the two different branches of dialect spoken here, one particular to the Moselle, the other to the Rhine. Let's take picture **D**. This dish is called 'Dibbelabbes' and its preparation requires much patience: it consists of grated potatoes with bacon, cooked slowly in a pan. The name is derived from 'Dibbe', a pot, and 'Labbes', the name given to a rather uncouth person. Now to picture **A**. This culinary delight is known as 'Hoorische', or in some areas 'Buwespatze'. 'Hoorische' means hairy and comes from the shaggy look of the dumplings which are made from raw grated potatoes. 'Buwespatze', roughly translatable as 'fritter cocks', are made of the same ingredients but are shaped differently, and the derivation of the name may be left to the reader's imagination. Picture **B** also depicts some dumplings, but stuffed dumplings this time, 'Gefillde'. The filling is of liver sausage, and it all tastes better than it sounds. Picture **C** has a story attached to it. The 'Lyoner Auflauf' is a dish which consists of a sausage in a ring, called a Lyoner in these parts, although no-one in Lyon has ever heard of such a word, and it was invented some years ago by an award-winning chef.

Not illustrated here, but easy to imagine, is the absolute favourite of all present-day Saarland dishes, the 'Schwenker', or steak. There is hardly a garden in the Saarland - and almost every Saarlander has a house and a garden - that doesn't have a barbecue for grilling the dearly-loved 'Schwenker'. Fly over the Saarland in summer and it looks as if a veritable epidemic of fires has broken out. But it's only the smoke from the barbecue parties...

La cuisine sarroise n'est pas délicate. C'est une cuisine de gens pauvres qui cherchaient davantage à satisfaire leur faim que leur palais. L'aliment de base était la pomme de terre. Dans les hautes régions de pins, on ne pouvait cultiver que du blé noir et dans les années de récoltes maigres, les gens moulaient l'écorce des arbres pour en faire du pain. Mais quand ils avaient des pommes de terre, ils en faisaient des plats délicieux auxquels ils donnaient des noms pour le moins insolites. Les Allemands qui ne sont pas sarrois ont eux-mêmes peine à comprendre la signification de ces noms, d'autant plus qu'ils sont confrontés à deux dialectes: le franconien-mosellan et le franconien-rhénan. Prenons l'image **D**. Ce mets qui s'appelle «Dibbelabbes» est un mélange de pommes de terre râpées et de morceaux de lard qui cuit pendant des heures au four. Le nom est composé du mot «Dibbe», à savoir pot en fonte et du mot «Labbes», terme dont on qualifie un rustaud. L'image **A** montre des boulettes de pommes de terre appelées «Hoorische», c.à.d. chevelues parce qu'elles sont préparées à partir de pommes de terre crues râpées. Le mot «Buwespatze», issu de l'autre dialecte, s'applique à la même préparation mais les boulettes ont une forme différente. L'image **B** illustre également des boulettes qui portent un autre nom parce qu'elles sont farcies de pâté de foie. Le plat sur l'image **C** a une histoire très courte: le «gratin lyonnais» consiste en des rondelles d'une sorte de saucisse appelée lyonnaise par les Sarrois, mais que personne ne connaît à Lyon. En fait, c'est une recette qu'un grand chef-cuisinier a inventée il y a peu d'années. Quoiqu'il en soit, aujourd'hui, le plat préféré des Sarrois est le «Schwenker». Il n'est pas montré sur une image, mais très facile à imaginer.

Le «Schwenker» est le nom donné au bifteck qu'on grille sur un barbecue. Il n'existe pratiquement aucun jardin en Sarre dépourvu de barbecue et la plupart des Sarrois vivent dans de petites maisons entourées d'un bout de terrain. On pourrait croire qu'un incendie dévaste la région lorsqu'on survole la Sarre en été: des volutes de fumée s'élèvent de tous les coins dans le ciel; les Sarrois ont allumé leurs barbecues...

Traudl Brenner